SHODENSHA
SHINSHO

[illegible]力

格外の人物が時代をひらく

[illegible]宗鳳

祥伝社新書

はじめに

東日本大震災という一〇〇〇年に一度の国難に見舞われた現在、日本という国にいちばんいらないものは何でしょうか。それは、民主党でも自民党でもなく、じつは誰もが絶対に必要と思っている常識です。常識という巨大な化け物が、日本という国の血を、ヒルのように吸いつづけています。

行政は何十年も前に作られたルールを、この非常時にでさえ押し通そうとしています。それが彼らにとって、死守しなくてはならない常識だからです。それが崩れれば、役人の存在価値が消えてしまいます。そして、その陰湿な常識が、想像を絶するような試練から命がけで立ち上がろうとしている被災者たちの、やる気をくじいています。

行政だけではありません。民間も相変わらず過去の常識路線から、飛び出せないでいます。せっかくのビジネス・チャンスがあっても、旧来の経営常識が手かせ足かせとなって、新しい分野に挑めないでいます。リスクが大きすぎるというのが、その理由です。

日本全国の中小企業、あるいは零細企業にも、世界の最先端を行くような技術や情報をもっているところが、たくさんあります。そこに新しい産業革命の萌芽《ほうが》を感じるほどです。その宝の山を世界市場に引き出せないでいるのは、大企業と官公庁という厚い壁が立ちはだかっているからです。

どういう立場にあっても、常識人にとっていちばん恐ろしいことは、リスクをとることです。日本人が石橋をコンコンと叩いているうちに、世界の顧客は、韓国や中国、そしてインドに次々と大規模な注文を入れています。そして、高い法人税と人件費に音《ね》をあげて、日本の企業も競うようにして生産ラインを海外に移しつつあります。そのため、働き盛りの若者たちが大量に失業し、生活保護を受けるという、国家にとって危機的な現象が生じています。

日本の敵は、地震や津波でも福島第一原発でも、ましてや中国やアメリカでもありません。真の敵は、自分の中に居座っています。それが、常識です。常識という名のモンスターと、勇気をもって戦う気のない者は、残念ながら生き残れる時代ではなくなりました。

ふつう「常識外《はず》れ」といえば、何か反倫理的な行為をさしますが、私が意図するところは、「常識外れ」ではなく、「常識破り」です。人間が本来もっている生命力を抑え込むようなモノの考え方や社会の制度を常識とするのなら、その硬い殻を破ることが「常識破り」です。

頑迷な常識と、敢然《かんぜん》と戦う「常識破り」の人間を本書では、「異端」と呼ぶことにします。彼らこそが、歴史のページをめくってくれるのです。異端のもつ爆発的な力、つまり「異端力」の本質を明らかにし、日本各地に頼もしい異端が、さまざまな分野に続々と登場してくることを願いながら、比較宗教学者としては少しばかり異端である私も、勇気を奮《ふる》って本書の執筆にとりかかることにします。

二〇一二年六月吉日

町田《まちだ》 宗鳳《そうほう》

目次

第二章　日本仏教を発展させた異端の力

第三章　異端は人間社会の宝物

第四章　自分の中の異端力を高めよう

第一章

歴史のページは「異端」がめくる

――宗教・政治・科学を変えた「型破り」の効用

型《かた》を破るには型を知りつくせ

私は昔から「型破り」という言葉が、とても好きです。型にはまらず、そこから飛び出てくるような人は、チャレンジ精神に溢《あふ》れていて、いつもイキイキとしています。でも、誰でも「型破り」ができるわけではありません。では、どういう人がそれをやってのけることができるのでしょうか。

それは、「型」を知りつくしている人です。たとえば、陶芸の世界で前衛的な作品を残した河井寛次郎《かわいかんじろう》は、個性を出そうとする前に、全国の窯元《かまもと》のどういう焼き物でも模倣《もほう》できるぐらいの技術を、まず習得すべきだと語っていました。「創作以前に、模倣しろ」という考えは、どの分野にも通じる真理です。

つまり、「型」を知らなくては、「型」を破れません。論語にも「故《ふる》きを温《たず》ねて、新しきを知る」という言葉がありますが、革新的な異端は、最初から革新的なのではなく、古い因習世界にどっぷり浸《ひた》っていた人の可能性が高いのです。

次章では、日本仏教の異端たちについて語るつもりですが、鎌倉仏教の祖師たちが、比《ひ》叡山延暦寺《えいざんえんりやくじ》という古色蒼然《こしよくそうぜん》とした伝統仏教の世界に身を置いていなければ、中国仏教の物マネではない革新的な思想を引っさげて、歴史の舞台に登場してくることはなかったでしょう。

私は京都出身なので、あの町に伝統的な職人さんがたくさんいることを知っています。そして、彼らは伝統を忠実に守って、見事な食品や工芸品を生み出します。茶道一つにしても、茶碗師、釜師、塗師《ぬし》などの千家十職《せんけじっしょく》と呼ばれる人たちが、先祖代々伝わる茶道具を作ることによって後方支援しなければ、成立しません。

しかし私が期待しているのは、長い徒弟制度の中で技を磨き、一流の仕事ができるようになった職人さんの中から、前衛的な作品を作りはじめる人が出てくることです。そこに新しい伝統が生まれるからです。

いつか石川県で、三代一〇〇年以上の伝統をもつ老舗《しにせ》の主《あるじ》が作る金沢老舗百年會というところに依頼されて講演したことがあります。たまたま懇親会で隣席されたご婦人が、「花屋です」と名乗られたので、「花屋さんでも、一〇〇年以上の歴史があるのですか」と尋ねたところ、「当家では、ずっと前田《まえだ》家に花を納めてきました」と言われて、驚きました。そういう人たちを前に私が話したのは、次のような内容でした。

皆さんが守ってこられた伝統は、世界遺産に匹敵する貴重なものです。ぜひ伝統というものに自信をもっていただきたい。どういう商《あきな》いをしておられようが、各家の伝統には、きっと崩せない「型」があるはずです。日本文化は、「型」に守られてきたのですから、いっさい妥協せずに、その「型」を必ず若い人に伝えていただきたい。

一〇人中五人は、その「型」を習得する段階で去っていくはずです。現代の若者に、昔ながらの徒弟制度など、あまりにも封建的で耐えられるものではありません。彼らが怠惰だったというわけでも、才能がなかったというわけでもありません。老舗という環境に、縁がなかっただけです。

あとの五人は一生懸命、「型」を習得しようとするでしょう。何しろ生活がかかっていますから、いやでも逃げるわけにはいかないのです。「石の上にも三年」とはよく言ったものです。しかし、その道の奥義を極めるともなれば、一〇年、二〇年とかかるものです。

残った五人のうち二人ぐらいは、やがて才能の芽を伸ばしはじめて、見込みのある職人となっていくはずです。二人のうち、どちらかの一人を後継者と定めるのが当然だと思います。現代において、しっかりと伝統芸を身につけた弟子が育っている人は、果報者です。当面、お店は安泰です。

ところが、その二人のうち一人がそれまで教わった「型」に不満を覚えはじめるでしょう。そして勝手なことをやりだして、場合によっては、同業者から異端扱いされ、顰蹙《ひんしゅく》を買うかもしれません。

しかし、その最後の一人をどうするかによって、皆さんの老舗の未来が決まってきます。その異端的人物に本家の未来を任せるか、のれん分けして独立させるか、あるいは破門にするか、そこに雇い主としての器量が問われます。

じつは最後の一人が、ほんとうの意味で老舗の伝統を守ってくれる人物です。時代が変われば、人心も変わり、必然的にモノに対するニーズが変わります。伝統の基本的「型」は継承しつつ、そこに新しい「型」を生み出す創造力がなければ、皆さんの店の未来も明るくありません。異端が、時代を救ってくれるのです。

なぜ、一介の学者に過ぎない私が、一〇〇年以上もの歴史をもつ老舗の店主たちに、こんなおこがましい話ができたのでしょうか。答えは、簡単です。私自身が「型」に押し込められた青春を過ごした人間だからです。

禅寺では、朝起きてから夜横になるまで、すべて「型」が決まっています。顔の洗い方から歩き方まで、我流ではいけないのです。「新到三年《しんとう》、白歯を見せず」と言って、新米雲水《うんすい》は最初の三年間は、にこりともせず、「型」を覚えよというわけです。それを「清規《しんぎ》」といったりするわけですが、それを守らなければ、禅の修行が成立しないことになります。修行僧といえども、職人さんの世界と同じです。

残念なことに、私はいたって常識人なのですが、比較宗教学者として、少しばかり変わったところがあるのは、やはり若い時に禅寺で二〇年も過ごした後、突如としてアメリカで暮らすことになったという経験が、影響していると思います。それは、時代劇みたいな世界から、SF映画みたいな世界への移行でしたから、私の心の中で予期しない化学反応が起きないはずがなかったのです。

そういう背景があるものですから、老舗のオーナーたちにも、若い人に遠慮なく「型」を押し付けてみてほしいと訴えたのです。忍耐強く「型」を学び、「型」に埋もれてしまう人間もいるでしょうが、その中から必ず、「型」を破る異端が出てくるはずです。未来を担ってくれるのは、その人です。

創造的な人が高学歴でないのはなぜか

「型」を破るということは、とても勇気のいることであり、ある意味、犠牲の精神が求められます。現在の日本には、いろんな分野で手詰まり感があります。政治の世界も、あいかわらず政党のつばぜり合いが繰り返され、その中で政治家は足の引っ張り合いばかりしています。犠牲の精神など、微塵《みじん》も感じられません。

国民の大多数がうんざりしていても、大胆な国家改造のビジョンを構想する力と、それを果敢に実行に移す力を持ち合わせた「型破り」の政治家が出現してこないのは、なぜでしょうか。

それは、既存政治の「型」に留まっているほうが、居心地がいいからです。金バッジをつけて、永田町にいるだけで、特権意識に浸ることができます。とくに世襲で政治家をしているような人は、自分の代で政治生命が断たれるのは、この上なく不名誉なことであり、身の保全を第一とする傾向があります。

政治の世界だけではありません。経済、教育、医療の世界などにも、手詰まり感が漂っています。みんな、「このままではいけない、なんとかしなくては……」と思ってはいても、誰も大胆な改革を行動に移そうとしないのも、古い「型」の万有引力が強いからです。「型」を破るというのは、それほど大変なことなのです。

学校教育は素晴らしいものですが、その一方で、私たちを陳腐《ちんぷ》な常識人にしてしまいます。教科書に書かれていることは、一般常識として受け入れられていることばかりであり、それを教室で教えてくれる先生たちも、文部科学省や教育委員会の意向に反して、常識から外れたことを語れば、失職してしまうでしょうから、すぐれて常識人であろうとします。

サルトルのいう「くそまじめな精神」の権化《ごんげ》のごとき先生たちがウヨウヨしている学校教育では、優等生であればあるほど、常識という落とし穴にはまってしまう危険性が高いのです。とくに、没個性の画一的教育をよしとしてきた戦後日本の学校教育には、その弊害が大きいと言えます。ほんとうに創造的な人が、あまり高学歴ではないのは、そのためです。世界のパナソニックを創業した松下幸之助《まつしたこうのすけ》は、小学校を四年で中退しています。

　ここで誤解を招かないように言っておきますが、決して高学歴の人が創造的であり得ないと言っているわけではありません。学歴があったらあったで、みずからの幸運に感謝するとともに、単なる常識人にならないために、よほどの努力が必要だということです。しかも、その努力は、名門大学に入るための受験勉強どころの騒ぎではなく、命をかけて取り組むべきことなのです。

　もう少し注意深く私たちの心の中をのぞいてみれば、常識を少しでも超えてしまうと、社会から村八分になるかもしれないという恐怖心があります。職場でも、会社の方針や、上司の意向から外れることを口にすれば、周囲から白い眼で見られたり、距離を置かれたりすることもあります。

　誰も職を失いたくないし、出世もしたいし、どれだけ心の中に熱い思いがあっても、「まあ、ここは黙っておこう」ということになります。そうして、みんなが足並みを揃《そろ》えて、いよいよ常識人になっていきます。

　しかし、日本を元気にしようと思うなら、この国を常識人で埋め尽くしてしまってはいけないのです。今いちばん必要なのは、現状打破するためのビジョンと行動力をもつ「型破り」の非常識人です。

もちろん、現代日本のいろんな分野に夢をもたらしてくれる非常識人は、どうしても異端扱いされることになります。何しろ社会のマジョリティーに共有されている常識を破ろうとするのが異端ですから、風当たりが強くて当たり前なのです。

初めは仲間に疎《うと》んぜられ、時には嫌われても、やがては感謝される運命にある異端は、異端扱いされることを名誉と思い、多少のことがあっても笑って過ごすにかぎります。それぐらいの心の余裕がなければ、異端の人生は辛くて仕方ないものになるでしょう。

世界の英雄となった異端児スティーブ・ジョブズ

さて今、世界でいちばん注目されている異端児といえば、スティーブ・ジョブズ（一九五五—二〇一一）ではないでしょうか。彼が数年前から闘病生活を送っていたことは知られていましたが、二〇一一年十月に急死してから、世界中から彼のカリスマ的な指導力に称賛の声が上がりました。たしかに彼の存在なくしては、こんなに便利で、こんなに小型のパソコンや電話機を、私たち一般市民が手にすることはなかったでしょう。

私がアメリカに留学したのと同じ一九八四年に登場したマッキントッシュは、モニターにグラフィックなアイコンが映り、それをクリックするだけで動作する画期的なパーソナル・コンピューターだったので、誰もがそれを欲しがっていたことを覚えています。異端児ジョブズの革命的な発想力は、彼が二〇歳の時にガレージで立ち上げたアップル社を、シリコンバレーを代表する企業として、世界にその名をとどろかせました。

基本的に技術屋だったジョブズは、世界規模になったアップル社の経営を任せるために、ペプシコーラの事業担当社長ジョン・スカリーを引き抜きます。しかし、数年して二人のソリが合わなくなり、結局、スカリーの工作によって、取締役会は、ジョブズから会長職以外の権利を剝奪《はくだつ》してしまいます。自分の夢を製品化することもできなくなった彼は、みずから辞表を出し、完全にアップル社から退《しりぞ》きます。事実上、自分が据え置いた社長に、当時三〇歳だった彼は、追い出される羽目になったのです。

その時のことを回顧しながら、彼は「人生には時としてレンガで頭をぶん殴られるようなひどいことも起こるものなんだ」と言っていますが、招かれたスタンフォード大学の卒業式のスピーチで、次のように語っています。

その時は分からなかったのですが、やがてアップルをクビになったことは自分の人生最良の出来事だったのだ、ということが分かってきました。成功者であることの重み、それがビギナーであることの軽さに変わりました。そして、あらゆる物事に対して前ほど自信も持てなくなった代わりに、そのことで私はまた一つ、自分の人生で最もクリエイティブな時代の絶頂期に足を踏み入れることができました。

（スタンフォード大学ホームページより）

「ビギナーであることの軽さ」という言葉は、おそらく禅に興味をもっていた彼が、アメリカでベストセラーになった『禅マインド　ビギナーズ・マインド』（鈴木俊隆著）を読んで得た着想かもしれません。つねに初心でいることこそが、禅の極意だという内容の本です。

それにしても、ジョブズにとって、アップル社を追い出されるという体験は、人生最大の屈辱《くつじょく》だったようですが、それでも彼はパソコン製造とアニメーション制作を事業内容とする二つの新会社を作り、復活しています。

一方、歴史的な異端がもっていた「非常識」を排斥《はいせき》してしまったアップル社は、みるみる業績不振に陥《おちい》り、結局、一〇年あまりを経て、かつては石もて追われたジョブズに、職場復帰を乞《こ》わざるを得なくなったのです。

その後、ジョブズは宿敵ともいえるマイクロソフト社と資本提携し、世間を驚かせただけでなく、彼の想像力を駆使して、次々と新機種を開発し、アップル社の業績をあっという間に回復させたのです。もちろん、彼がふたたび経営の実権を取り戻すまでには現役の経営陣と壮絶な駆け引きがあったり、復帰後には多くの従業員を一気にリストラしたりしたわけですが、いかにもアメリカらしいビジネスのやり方が実行に移されたのです。

それにしてもジョブズが開発した音楽配信を組み込んだｉＰｏｄ《アイポッド》、電話にパソコン機能を搭載したｉＰｈｏｎｅ《アイフォーン》、タッチするだけでパソコンと同等の多機能を起動できるｉＰａｄ《アイパッド》などは、一種の芸術品といってもよく、パソコンのプロは別として、一昔前には誰も想像もしなかった製品です。

素晴らしい仕事をするために必要なこと

時代を一歩も二歩も先取りするような人間が、当たり前の生い立ちを経ているはずはありません。彼の生涯は最初から最後まで、エキセントリックなエピソードで色塗られています。まずジョブズは、産みの親同士が結婚できない状況にあったため、誕生直後にある弁護士夫婦の養子になる手はずが整っていました。ところが、その夫婦は期待していたのは女の子だったという理由で、養子縁組を断ったために、一転して、貧しい労働者階級の家庭に養子に出されてしまいます。

そこから、彼の逆境の人生が始まります。もしも、彼が裕福な弁護士家庭に育ち、名門大学を優秀な成績で卒業していたら、今日われわれが知る奇想天外な発想でコンピューター業界をひっくり返すようなスティーブ・ジョブズが出現していたか、大いに疑問です。人の運命というのは、どこまでも摩訶《まか》不思議です。

彼は、早くからよほど変わった少年だったらしく、すでに一三歳で奇行とも言える行動をとっています。パソコン業界の一流企業だったヒューレット・パッカード社の社長宅に、いきなり電話を入れ、自分が作りたかった周波数カウンター用の部品が欲しいと、申し入れています。

社長のビル・ヒューレットは、この好奇心旺盛な少年に、痛く感心するところがあったのか、ジョブズをアルバイトとして雇うことにしたのです。チャンスは、自分でつかみ取るという彼の生き方が、すでにこの時点で現われています。後年、彼は次のようなことを言っています。

素晴らしい仕事をするには、自分のやっていることを好きにならなくてはいけない。まだそれを見つけていないのなら、探すのをやめてはいけない。安住してはいけない。心の問題のすべてがそうであるように、答えを見つけた時には、自然と分かるはずだ。

仕事を好きになること、そして何よりもジブンを好きになることは、その人の人生に決定的な影響を与えます。嫌いだと思って、うまくいくことなど、一つもないのです。

高校生になっても、パッカード社のアルバイトを続けていたジョブズは、運命の出会いをします。それは、のちにマッキントッシュを一緒にガレージで作ることになるウォズ（スティーブ・ウォズニアック）と意気投合したことです。

性格も容貌もまったく違った二人は、長距離電話をタダでかけられる装置に関心を抱き、スタンフォード大学の図書館に潜り込み、必要な技術資料を見つけ出して、自分たち独自の装置を作り上げたのです。それをウォズが在学していたカリフォルニア大学バークレー校の学生寮で売りさばき、大儲《もう》けしたというのですから、この頃から破天荒な経営者の素質を見せています。

そんな問題高校生だったジョブズも、オレゴン州にあるリード大学に進学しますが、半年で大学を中退しています。家庭があまりにも貧しく、学費が払えなかったということもありましたが、何よりも単位取得のためだけに興味もない必須科目なんか取りたくなかったからです。あまりにもクリエイティブな人間には、通常のカリキュラムに耐えられるはずなんかありません。

成績も悪く、風変わりなジョブズでしたが、リード大学副学長のジャック・ダッドマンが、在学中の彼のことを次のように回顧しています。

彼は実におもしろい人物で、ものすごく魅力的だったよ。彼が相手だといいかげんな言葉でお茶を濁したりできないんだ。世間で真実とされていることをそのまま受け入れることを拒み、なんでも自分でやってみなくては気が済まなかった。

やはりその頃から、ジョブズは常識に拒絶反応を示す若者だったのです。ただ、勉強が嫌いだったわけでなく、自分が興味をもつことには、大いに情熱を燃やすタイプだったのです。その証拠に、彼は中退後にも大学に留まり、哲学やカリグラフィーなど、自分の関心がある授業に潜り込んで、聴講しています。

しかも身銭を稼ぐためにコカ・コーラの空き瓶拾いをして、一瓶五セントで売っていたというのですから、そんな青年が二五歳でフォーブスの長者番付に載るような大富豪になることを誰が想像し得たでしょうか。

ベトナム戦争が泥沼化していた七〇年代の特徴でもあるのですが、彼もヒッピー思想や禅に心酔し、怪しげなドラッグを吸い、キャンパスを裸足で歩き回っていたようです。同じ時期を京都の禅寺で過ごしていた私も、毎日坐禅にやってくる外国人たちが、床に着くほどの長髪で、薄汚《うすぎたな》い服を着ていたり、マリファナの常習者だったりしたことが懐かしく思い出されます。

どうやら当時は、個人がコンピューターを所有するという考えはなかったようで、比較的簡単にパーソナル・コンピューターを作れると思ったジョブズとウォズのことを積極的に評価する人物はいなかったのです。

そこで、ジョブズは自分が乗っていた中古のフォルクスワーゲンを、ウォズは自分のプログラム電卓を売ることによって、わずかばかりの資金を捻出《ねんしゅつ》し、それを元手に二人はガレージに籠《こも》って、アップル第一号を開発したのです。

私が挫けずにやってこれたのはただ一つ、自分のやっている仕事が好きだという、その気持ちがあったからです。皆さんも自分がやって好きなことを見つけなきゃいけない。それは仕事も恋愛も根本は同じで、君たちもこれから仕事が人生の大きなパートを占めていくだろうけど自分が本当に心の底から満足を得たいなら進む道はただ一つ、自分が素晴らしいと信じる仕事をやる、それしかない。そして素晴らしい仕事をしたいと思うなら進むべき道はただ一つ、好きなことを仕事にすることなんですね。

その後、投資する者も現われ、アップル社は晴れて上場することになりますが、株価の上昇率は、史上最高のものでした。それから紆余曲折《うよきょくせつ》があるものの、彼が亡くなった二〇一一年には、アップル社は時価総額でエクソンモービル社を抜き、世界最大の企業となっていたわけですから、やはりジョブズの功績は歴史的なものです。彼が亡くなった翌日、オバマ大統領が次のような声明をホワイトハウスのブログ上で、発表しています。

スティーブは米国のイノベーターの中で最も偉大な一人でした。他人と違う考えを持つ勇敢さ、世界を変えられると信じる大胆さ、そしてそれを成し遂げる才能を持っていました。この星で最も成功した会社の一つをガレージから作り上げることで、彼は米国の独創性の精神を実証しました。（中略）スティーブは毎日が最後の日であるかのように生きるということを好んで話しました。なぜなら、彼はそうすることで私たちの生活を変え、全産業を再定義し、私たち一人ひとりが世界を見る方法を変えました。

たしかにジョブズは、「他人と違う考えを持つ勇敢さ、世界を変えられると信じる大胆さ」を持っていたために、現代世界で最大の異端の一人となったのです。生まれ落ちた瞬間から負け犬のレッテルを張られても仕方ないような境遇に身を置いていたにもかかわらず、彼はそのすべてをはねのけて、世界のスティーブ・ジョブズとして大成しました。

凡人なら、次から次にやってくる逆境に音を上げて、みずからの夢をあきらめて、そこそこの現実生活と妥協することになりますが、ジョブズは最後まで夢を追い続けました。

あなたの時間は限られている。だから他人の人生を生きたりして無駄に過ごしてはいけない。ドグマ（教義、常識、既存の理論）にとらわれるな。それは他人の考えた結果で生きていることとなのだから。他人の意見が雑音のようにあなたの内面の声をかき消したりすることのないようにしなさい。そして最も重要なのは、自分の心と直感を信じる勇気をもちなさい。それはどういうわけかあなたが本当になりたいものをすでによく知っているのだから。それ以外のことは、全部二の次の意味しかない。

「自分の心と直感を信じる勇気」を持ちつづけることが、異端の条件だと思います。反対に、「他人の意見が雑音のようにあなたの内面の声をかき消したりする」うちは、人の顔色を見て、妥協的な行動をとるわけですから、異端力とは無縁ということになります。スティーブ・ジョブズという世紀の異端児が、ここまで人気を得たことに励まされて、私たち凡人も、少しは異端度を上げようではありませんか。

近代科学を築いたヨーロッパの異端たち

スティーブ・ジョブズは、現代の先端技術における異端だったわけですが、異端という言葉が使われるのは、本来、宗教の世界です。そしてその宗教的異端の本場と言えば、キリスト教信仰という岩のように固い常識が生活の隅々まで埋め尽くしていたヨーロッパを措《お》いてありません。

たとえばガリレオ・ガリレイ（一五六四―一六四二）は、神がその動きを止めたと信じられていた大地が動いているとする地動説を唱えて、異端となりました。彼は敬虔《けいけん》なクリスチャンでしたが、科学実験の結果を数学的に分析するという当時としては画期的手法を編み出し、宗教と科学をきれいに分離した功績から、「近代科学の父」と呼ばれています。

そんな合理的な思考の持ち主も、裁判で有罪とされ、晩年を軟禁状態で過ごしています。ガリレオより数十年前に地動説を唱えたコペルニクスも、教会の司祭だったのですが、彼は異端扱いされることを恐れて、晩年まで自説を公表しませんでした。

一度、異端のレッテルを張られると、処刑される可能性がありましたから、コペルニクスの慎重な態度は理解できます。プロテスタント主義の創始者マルティン・ルターでさえ、コペルニクスのことを「この馬鹿者は天地をひっくり返そうとしている」とひどく罵《ののし》りました。このことは、いかにそれが真実であろうと、新奇な説がきわめて受け入れられにくい事実を示しています。

「近代科学の父」ガリレオも異端扱いされましたが、ほぼ同時代に生きた「近代哲学の父」であるデカルト（一五九六―一六五〇）もまた、無神論者として嫌疑がかけられていました。彼は機械論的世界観を解き明かした本を書き上げていたのですが、ガリレオの地動説に対して、ローマの異端審問所が有罪の判決を下したため、身の危険を察して、その出版を差し止めました。このように、その時代に新しい波を起こす者は、どうしても異端とならざるを得ないのです。

糸を紡《つむ》いで大英帝国を追い出したガンディー

ところで、世界をひっくり返してしまったようなスケールの大きい異端がどこにいるか、それを見つけるコツは、国家や組織の大きな転換期に焦点を当ててみると分かります。何十年、何百年と維持されてきた制度が本質的に変わる時には、必ずそのテコとなるような異端的人物が不可欠なのです。

たとえば、インドのマハトマ・ガンディー（一八六九―一九四八）もまた、異端として歴史に残る偉業をやってのけました。彼は政治家ではなく、一弁護士だったのですが、南アフリカで差別を受けたことがきっかけで、公民権運動に参加し、やがて帰国して、イギリスの植民地支配から故国インドを解放させることを志《こころざ》します。

インドを独立に導いた大英雄も、小学生の時は、親も頭をかかえるほどの不良少年でした。学校の成績が悪いだけでなく、ヒンドゥー教徒として菜食を守るべきなのに、好んで肉食をしたり、小学生のくせにタバコを吸っていました。しかも、タバコ代を手に入れるために、召使いのお金を盗んだりもしたといいます。道徳的にきわめて厳格だった人格者のガンディーからは、想像もできないことです。

晩年のガンディーも、相当変わっていました。一種の健康法として、毎晩、全裸の姪《めい》二人に挟まれて寝ていたのです。彼は、早くから妻とも男女の交わりを断つ誓いを立てていたので、姪たちと性行為をもったわけではありませんが、ふつうならしないことであり、そのことがスキャンダル扱いされたこともあったようです。

ガンディーは、自分はヒンドゥー教徒であり、イスラム教徒であり、キリスト教徒でもあると言ったりするほど宗教的にとても寛容でしたが、それは若い頃から、インドの宗教的叙事詩『バガヴァッド・ギーター』、『新約聖書』、さらにはロシアのレフ・トルストイの作品などに馴染《なじ》んでいたことが影響していたように思われます。

私も『愚者の知恵──トルストイ「イワンの馬鹿」という生き方』（講談社＋α新書）という本の中で、素朴な信仰を美しい物語を通じて描いたトルストイの民話を扱っていますが、おそらくガンディーの「非所有」の精神や、非暴力運動思想は、そういうところから生まれてきたのでしょう。

そもそもガンディーが七八年の生涯を閉じたのも、彼がイスラム教徒に寛大すぎることに怒った原理主義的なヒンドゥー教徒の手による暗殺のためでした。彼が諸宗教に寛大であればあるほど、一つの宗教にこだわる人間にとっては許しがたい異端だったわけです。

ふつう植民地である自国を宗主国から独立させるためには、政治的なリーダーは、多くの犠牲を出すことを覚悟で独立戦争を指揮するものですが、ガンディーがしたことは、長期間の断食だったり、糸車を廻《まわ》すことだったりするのです。糸車を廻したのは、イギリスからの綿製品の購入を止め、国産の綿製品を着用することを国民に訴えるという目的があったわけですが、彼にとっては、一種の瞑想だったと思われます。

そういう政治的でも、暴力的でもない独立運動による絶大な影響力を恐れたイギリスによって、彼は六年間も投獄生活を送っています。それでも、非暴力運動においていちばん重要なことは、自己の内の臆病や不安を乗り越えることであると考えていたガンディーは、釈放されてからもまったくひるむことなく、イギリスの塩税から逃れるために、「塩の大行進」と呼ばれる塩の自力生産を訴える行動に出ています。

ガンディーはイギリスと直接戦ったのではなく、そういう不服従の行為を積み重ねることによって、全国民の意識を変えることに成功したのです。そういう意味でも、やはり彼は偉大な異端児でした。結局、インドは独立を果たしたものの、すさまじい内紛のあげくに、イスラム教国のパキスタンと分裂してしまったために、ガンディー評価は今も定まらないものがあります。

しかし、植民地だったインドの人々にとって、宗主国の大英帝国というのは、とてつもなく大きな存在だったはずです。現在の平均的な日本人が、アメリカという国に感じている威圧感の比ではありませんでした。

その大英帝国から、非暴力・不服従という手段だけで、独立を勝ち取るという偉業を成し遂げただけでなく、それをきっかけに、ご本家のイギリスを帝国から連邦制に変えてしまったという付録がついています。ほとんど所持品をもたず、草履《ぞうり》ばきで大地を歩き回っていた人間が、国際政治を塗り替えたことは、奇跡といっても過言ではありません。

彼が亡くなった後も、その平和主義は、世界各地の植民地解放運動や人権運動に大きな影響を与え続けてきました。ダライ・ラマ十四世ですら、チベット独立運動を展開する上で、ガンディーの思想を手本にしていると言われています。そのように、一人の人間の強い意志力が世界を変え得るという証左として、ガンディーの名は永遠に人類の歴史に刻まれることになるでしょう。

大うつけと呼ばれた織田信長《おだのぶなが》がなぜ天下統一できたのか

ここで眼を国内に転じれば、日本の歴史上にも特筆すべき異端たちがあまたいます。中でも、リーダーシップ欠如の現代に生きる日本人に、いちばん人気のある異端といえば、なんといっても織田信長（一五三四—一五八二）ではないでしょうか。この人ほどの非常識人は、日本歴史上、空前絶後です。

信長は、大人になってから社会的異端になったのではなく、若い時から「尾張《おわり》の大うつけ（大馬鹿野郎）」と呼ばれ、堂々たる異端でした。太田牛一《おおたぎゅういち》の『信長公記《しんちょうこうき》』によれば、毎日のように城を飛び出し、不良仲間と乗馬、水泳、鷹狩り、茶の湯、相撲などに興じていたようです。あるいは、家来の肩に寄りかかり、物を食べながら、町をふらついていたと言います。一国一城の後継者にあるまじき振る舞いですが、昔から社会に大変革をもたらすような人間は、決して品行方正の秀才型ではなかったのです。

秀才は既存の制度を守り、それを無難に発展させることには優れているかもしれませんが、無から有を生み出すほどの画期的創造力を持ち合わせません。きっと二十一世紀の日本を変えてくれる人物も、いま「うつけ者」扱いされている若者から出てくるのではないでしょうか。

そして信長は一八歳の時、父信秀《のぶひで》が亡くなると、喪主のくせに正装もせず、腰に巻いた荒縄に刀を差して現われ、立ったまま仏前に向かって、抹香を投げつけたのです。まったく傍若無人の立ち振る舞いですが、そこにすでに「型破り」の武将となる萌芽が窺《うかが》えます。弱肉強食が当たり前の戦国時代にあって、それぐらいの心意気がなければ、弱小領主だった織田家を守れなかったでしょう。

何しろ隣国には、「美濃のマムシ」と呼ばれた斎藤道三《さいとうどうさん》が、虎視眈々《こしたんたん》とスキを狙っていたのです。少しでも弱気なところを見せれば、一気に領地を奪われたでしょう。ところが、信長はその道三を呑《の》みこみ、やがては大大名である今川義元《いまがわよしもと》の大軍を桶狭間《おけはざま》の戦いで、その何分の一かの兵力で見事に打ち破っています。

また甲斐《かい》の国に君臨していた武田《たけだ》氏も、その当時としては最新兵器である火縄銃を駆使して長篠《ながしの》の戦いで破っています。信長は、鉄砲の弾丸を充塡《じゅうてん》する時間にロスがないように、兵士を三列に並ばせて機能的に攻略したのです。ちょっとした工夫ですが、それまで誰も思いつかなかったことです。強敵の毛利《もうり》水軍と戦った時も、一度は敗戦の苦汁をなめるのですが、その失敗から学び、誰も見たことがなかった鉄甲船を九鬼《くき》水軍に造らせ、攻め落としています。

陸でも海でも、当時としては想定外の戦術を駆使したところは、異端児・信長ならではのことです。秀吉《ひでよし》には黒田官兵衛《くろだかんべえ》という智将がいましたが、信長はそのような参謀をもたず、つねに独断専行だったのです。

どんな小さなことでもいくつもの会議を開いて、多数決で進めようとする現代日本の社会構造では、大きな変革は望めそうにもありません。こういう時にこそ、信長的なリーダーが待望されます。専制主義の危険性をはらんでいるものの、その決断力と行動力だけは、大いに評価すべきではないでしょうか。

信長は本当に残忍だったのか

敵対する者を容赦なく断罪した信長の残忍性がよく指摘されますが、『信長公記』によれば、関ケ原《せきがはら》あたりで「山中の猿」と呼ばれていた乞食《こじき》に、小屋を建てるための費用にと木綿二〇反を与えてやったり、盆踊りの時は庶民とともに踊り、その汗を拭いてやることもあったりしたと言いますから、優しい人間性も一面にはもっていたようです。

とくに当時の武将としては珍しく、ある程度、女性の尊厳を認めていたようです。遠隔地から来た兵には単身赴任を禁じたり、子供を産まないという理由で正室のねねに辛く当たっていた秀吉を厳しく叱責したりしています。二条城《にじょうじょう》築城の現場では、人夫が通りがかりの女性に嫌がらせをするのを見て、その場で首をはねています。

信長が残虐な武将と見られる理由の一つに、彼が比叡山延暦寺、石山本願寺《いしやまほんがんじ》、それに高野山《こうやさん》などの大寺院を攻め、何千人という僧侶を殺害したことがあります。たしかに人間として、許されないことです。彼の異端ぶりには、やや狂気に近いものを感じますが、それほどの破壊力がなければ、中世社会にどっかり腰をすえていた南都北嶺《なんとほくれい》の仏教勢力を駆逐することはできなかったという一面もあります。

朝廷ですら大寺院の要求には抵抗できないほど、政治力をもっていましたし、僧兵をかかえる寺院同士が、血なまぐさい闘争を繰りかえす一方で、向門徒《いっこうもんと》が暴徒化して、領主を襲ったりしていました。

東西を問わず、中世というのは、宗教的権威が人間社会をすみずみまで支配する時代のことです。何しろ中世に生きた人々は、神仏のタタリをいちばん恐れていたので、どれだけ理不尽なことを言われても、僧侶を敵に回すわけにはいかなかったのです。そういう時代に幕を下ろすには、どうしても信長のような強権的なリーダーが、歴史の一瞬に必要だったような気がします。

信長は安土城《あづちじょう》建造のおりには、付近の寺の地蔵仏や墓石を石垣に使ったりしたので、無神論者だったと思われているふしがありますが、城の中には立派な仏壇を設け、宗教画を描かせたり、安土の町には、キリスト教のセミナリオ（神学校）を建てたりしたぐらいですから、決して無神論者ではなかったのでしょう。

彼がクリスチャンをサポートしたのは、仏教勢力を抑え込み、キリシタン大名を味方にするなど、戦略的要素がありましたが、おそらく孤独なリーダーだった信長は、異国の宗教に新たなコスモロジーを期待したのではないでしょうか。異端には、異端の宗教が似合うのです。

信長の真価は戦《いくさ》よりも、戦後の施政に発揮されます。彼が破壊力だけ突出したリーダーだったら、それほど評価するに値しないのですが、その破壊力は創造力に裏打ちされていたところに、信長の凄《すご》みがあります。

イエズス会の宣教師フロイス（一五三二―一五九七）の『日本史』からは、信長の私生活の一端が窺えます。「酒を飲まず、食を節し、人の扱いにはきわめて率直」とありますから、権力者によくある自堕落な生活を送っていたわけではないのです。

さらに、「彼は自邸においてきわめて清潔であり、自己のあらゆることをすこぶる丹念に仕上げ、対談の際、遷延《せんえん》することや、だらだらした前置きを嫌い、ごく卑賤《ひせん》の家来とも親しく話した」と言いますから、徹底した合理主義者だったことが窺い知れます。おそらく彼の生活空間には、ムダなものが置かれず、つねに清潔感が漂っていたのでしょう。

そういう合理精神に基づいて、農民を疲弊させないために兵農分離政策をとり、流通を活性化させるために、街道を大規模整備したり、関所を撤廃したりしています。街道沿いには、距離が分かるように一定の間隔で松を植え、また茶店を設けています。

さらに交易に使用される貨幣や枡《ます》を統一してから物々交換を禁止し、楽市楽座《らくいちらくざ》で誰でも取引ができるようにします。また治安が悪かった都では、銭一文でも盗んだ者は斬首という「一銭切り」という掟《おきて》を作ったために、状況が一変したと言います。多方面にわたる彼の改革には、スピード感があり、今日の政治家に信長の爪のアカでも煎《せん》じて飲ませたいぐらいです。

新奇なものが好きだった信長は南蛮品を好んだようですが、時にはビロードのマントに、西洋帽子を着用して人前に現われたと言いますから、ファッションからして十分に異端でした。

しかも宣教師の使用人をしていた黒人を譲り受け、本能寺《ほんのうじ》で命を落とす最後の瞬間までボディガードとして侍《はべ》らせていたわけですから、信長のいる風景というのは、つねに日本離れしていたものと想像できます。

そもそも彼の拠点だった五層七重の安土城は、天守閣の部分が六角形で、その構造自体が当時の建築からは想像もつかないモダンなものでした。やはり非常識人は、造形力も常識を飛び越えているのです。

人間の心の中にあるものは、必ず外に現われます。日本全国の都市景観が、まったく個性のないものになっているのは、現代日本人の心に個性がないからです。どこの町に行っても、同じような住宅、同じようなショッピングモール、同じような役所や学校が建っています。色や形まで同じです。町の玄関口である鉄道の駅も、似たような建物ばかりで、寂しい風景です。

日本人の心根が変われば、きっと都市景観も変わります。個性豊かな人間が、個性のない空間に暮らせるはずがないからです。日本人が精神的にどこまで成長したのか、それを知るためには都市景観をバロメーターにすればよいでしょう。

それにしても、異端はつねに迫害されます。信長も明智光秀《あけちみつひで》の奇襲を受け、予期しない形で命を落とすことになりましたが、その理由が光秀の個人的な怨讐《おんしゅう》にあったとしても、やはり迫害でした。彼がもう少し周囲に気を配る常識人だったら、ああいう結果にはならなかったはずです。

往々にして人生半ばで命を終えることになる異端も、その肉体的寿命にかかわらず、歴史的に重要な役割を果たして、この世を去っていきます。信長は、四九歳で亡くなりましたが、彼のおかげで、日本は中世に終止符を打ち、近世の幕を切って落とすことができたのです。

彼は幸若舞《こうわかまい》の『敦盛《あつもり》』の「人間五十年、下天《げてん》の内を較《くら》ぶれば、夢幻《ゆめまぼろし》のごとくなり。一度生をうけ、滅せぬ者のあるべきか」という一節を歌いながら舞うのが好きだったようですが、本人も自分の天命を直感していたに違いありません。

信長の登場が少しでも遅れれば、日本はヨーロッパ列強の植民地になっていた可能性は高かったと思われます。今頃、私たちはスペイン語やポルトガル語まじりの日本語を話していたかもしれません。そういう意味で、織田信長を単に戦略にすぐれた武将としてよりも、先見の明ある為政者として、国会議事堂の前に顕彰の銅像でも建てるというアイデアは、いかがでしょうか。

辺境にいたからこそ世界的ビジョンをもった坂本龍馬《さかもとりょうま》

日本国民の間で、もう一人、一貫した人気を保っている異端といえば、坂本龍馬（一八三五―一八六七）です。信長と並んで、小説やテレビドラマで何度登場してきても、人気を博します。やはり集団主義の日本社会では、一種のカタルシスとして、個性の強い人間が好まれるのです。

そんな龍馬の魅力は、いったいどこにあるのでしょうか。まず、彼の大胆な行動力に、私たち常識人は圧倒されます。「薩長連合、大政奉還、ありゃ、ぜんぶ龍馬一人がやったことさ」と言ったのは勝海舟《かつかいしゅう》ですが、いったいどうして、そんな大それたことを一人の人間がやってのけることができたのでしょうか。薩長連合ひとつにしても、常識では考えられないことです。

何しろ幕府の長州征伐で、主戦力となったのが薩摩藩だったわけですから、長州の人間にとっては、虫唾《むしず》が走るほど憎らしいのは、薩摩の人間だったのです。その両者をつなぎ合わせたのが、当時三一歳の龍馬だったのです。

彼にはつねに明確なビジョンがありました。現代でも本州から車で高速道路を使い、高知県をめざす時、あまりのトンネルの多さに、「やはり南国土佐は、別世界だったのか」と思ってしまいますが、ましてや江戸時代なら、ほんとうに辺境の地と見なされていたのではないでしょうか。そんなところから、世界的なビジョンをもった若者が登場してきたことに、驚嘆せざるを得ません。

彼は土佐藩の郷士だったわけですが、もともと町人や農民だった者が特別の事情があって侍となった郷士は、自分の藩主にもお目通りが叶わず、藩の公式行事にも参加できませんでした。しかも、動きの鈍い土佐藩に業を煮やして、脱藩までしていますから、さらに弱い立場に置かれていました。つまり、マージナルな土地の、マージナルな地位にあった無名の男が、幕府の直属家臣や諸藩の領主とわたりあうようになったのですから、異端の力、恐るべしです。

別な視点から見れば、もし龍馬が異端の地侍ではなく、正統派の武士だったとしたら、彼が世に出るチャンスはなかったはずです。異端の特権は、そこにあります。表玄関から行けば、門前払いを受けること間違いなしです。しかし、異端という非正統派なら、勝手口から自由に入っていくことができるのです。

もちろん、正面玄関から入れないから、裏口から入ることを最初から期待して、異端のぶりっ子をするのは、邪道です。異端は、異端でしかあり得ないのです。ほんとうは正統派なのに、チャンスをつかむために異端に転向というのは、邪心であり、卑怯《ひきょう》です。

龍馬には、そういう計算はありませんでした。彼は、根っからの異端だったのです。ふつうに常識的に物事を考えよと言われても、それができない男が龍馬だったのです。それは、彼のDNAに刷り込まれた「非常識」だったのです。

それはそうとしても、江戸で剣術修行中に、ペリー提督が率いる黒船艦隊が浦賀《うらが》沖にやってきたことが、彼の人生に決定的な意味をもちました。その時は、「異国人の首を討ち取ってやる」と意気込んでいたのですが、開国論者の勝海舟に出会うことによって、彼は目を覚まします。

龍馬は幼い時、背中に馬のたてがみのような毛が生えていたらしいのですが、肉体的形状もふつうでなかったように、凡人とは異なる思考回路を持ち合わせていたようです。国中が、討幕論と佐幕論に二分されている時に、彼はその先を見越していました。

長崎から都に向かう船中で龍馬が練った「船中八策」は、後に明治政府の綱領の原型となりました。さらに海運業と軍事力の必要性を感じて、海援隊（亀山社中）を結成し、船舶を操っていたのです。どうやらそのあたりの発想力には、彼の実家が才谷屋《さいたにや》という地元の豪商だったことが影響しているようですが、海援隊が日本における総合商社的ビジネスと海軍の礎石となったわけですから、いかに彼が時代を先取りする嗅覚を持ち合わせていたか分かります。

異端というのは、常識人よりも、はるか時代の先を見ているので、同時代の人間には受け入れにくい面があります。龍馬が三三歳で暗殺されたのも、そのためです。しかも、あの龍馬が長生きして、海運業で成功を収め、財をなしていたら、今ほど彼は英雄視されることにならなかったでしょう。異端は悲運であるほど、歴史に深く名を刻まれるという皮肉な事実があるのです。

とくに日本人には、「判官《ほうがん》びいき」という心情があるので、徹底的に成功を収めた人間よりも、高い理想を掲げながらも、それが実現する一歩手前で崩れ去った者を高く評価する傾向があります。そういう意味でも、龍馬は理想の異端像を作り上げたように思います。

「歴史の意志力」が異端を生み出す

歴史のページをめくることは、異端にしかできません。異端は、開かれたページに満足していないので、どうしても次のページをめくりたくなるのです。それとは対照的に、凡人にできることは、すでに開かれた歴史のページを読み取ることだけです。それを読み取るだけでも、大変な能力がいることですが、ページをめくるだけのエネルギーと勇気を持ち合わせていないのです。

そういう凡人の限界を超えるために、どこの国の歴史を眺めてみても、絶妙のタイミングで、大胆にページをめくる異端が登場しているものです。その人物が出てきたからこそ思想が変わり、社会制度が変わり、国民生活が変わってきたのです。

歴史は、人間のような姿を見せることがありませんが、そこに強い意志があるとしか思えません。「歴史の意志力」が、異端を生み出すのです。そして、その「歴史の意志力」を形づくっているのが、じつは人間の心ではないかとも思えるのです。

たとえば、長く奴隷制に苦しんだり、疑問に思ったりしている人たちが、現実には何もできなくても、そういう想いを抱き続けることによって、歴史がみずからの意志をもちはじめるのではないでしょうか。奴隷制廃止という法律を作るためには、リンカーン大統領という歴史的人物が必要だったわけですが、彼をそのように動かしめたのは、「歴史の意志力」です。

日本でも二七〇年近くも続いた徳川幕藩体制に、矛盾や疑問を感じはじめていた人間が増えつつあった頃に、捕鯨船の寄港地探しという目的ではあっても、絶妙のタイミングでペリーの黒船がやってきたわけです。

それがあまりに遅くても、あるいは早くても、坂本龍馬はじめ、若い志士たちが続々と登場し、一八六八年という年に明治維新を成立させることはできなかったでしょう。そこにも「歴史の意志力」を感じます。

現在の日本にどれだけ閉塞感が漂っていたとしても、必ず「歴史の意志力」が働いています。日本国民が、心底から社会の変革を求めた時、いちばん求められている異端が登場してくるはずです。そして、その人物が渾身《こんしん》の力をふるって、歴史のページをめくることになります。

しかし、それだけの大仕事をやってのける異端は、最初から英雄として迎えられるわけではありません。異端は、異端であり、当然のことながら、社会から大きな抵抗を受けることになります。その人物が、知らぬ間に歴史のページをめくってくれた英雄だと判明するのは、ずいぶん時間が経ってからです。

場合によっては、死後に英雄として評価されるということもあります。スティーブ・ジョブズや坂本龍馬の例からも分かるように、多くの場合、異端が真に評価されるのは、棺《ひつぎ》に収まってからです。

当人には気の毒なことですが、やはり異端は異端扱いされるのがよいのです。それが、社会の安全弁となっています。少しばかり変わった人物が登場してくるたびに、民衆が英雄視して、崇《あが》めたてまつるというのは、危険きわまりないことです。ヒトラーやポル・ポトも、そういう英雄待望論から生まれてきた、とんでもない危険人物だったのです。

われわれ凡人に与えられている使命は、英雄を待望するのではなく、歴史のページをめくろうとする人物が、人類社会に貢献する創造的異端か、あるいは人倫を乱す破壊的異端かを見極めることにあります。そういう意味でも、国民の「民度」を少しでも高めていくことが、急務と言えるのではないでしょうか。

第二章

日本仏教を発展させた異端の力

日本仏教は異端の歴史

「出る杭は打たれる」と言われるほど、日本社会では均質性が好まれ、多少でも毛色の違う人間は、世間的に干されやすいという印象がありますが、じつはそうでもない一面があるのです。

たとえばヨーロッパでは、バチカンという強大な組織がキリスト教の体制をしっかりと固め、思想的な「はみ出し人間」が、なるべく出ないようにコントロールしてきました。さすがに一神教の総本山だけあって、そのへんは抜かりのないようにやってきたのです。

ところが日本では、驚くべきことですが、まさに「はみ出し人間」が宗教の歴史を綴《つづ》ってきたと言っても過言ではありません。やはり日本という国の「文化の祖型」には、多神教的なコスモロジーがあり、そのために本質的には雑多な思想を受け入れる土壌があるのです。そこで本章では、世間から異端視されていた人々が、どれほど頼もしく日本仏教の歴史のページをめくってきたか、なるべく具体的な事例に沿って、話を進めていきたいと思います。

他の仏教国では珍しいことなのですが、日本人は仏教のことを宗派別に見る癖があります。宗派というのは、空海《くうかい》の真言宗、最澄《さいちょう》の天台宗、法然《ほうねん》の浄土宗、日蓮《にちれん》の日蓮宗といった具合ですが、それぞれがまるで異なった宗教のように受け止めている人もいます。みんなインドの原始仏教という同じ根っこから出てきているはずなのに、そんな見方が定着した原因は、江戸時代に設けられた寺請制度にあるようです。

徳川幕府は、全国を津々浦々まで統治するために、お寺を利用することにしました。それが、すべての住民に地元のお寺の檀家《だんか》として登録を義務付ける寺請制度です。幕府のお目付け役となった寺院は、宗門人別帳《しゅうもんにんべつちょう》という台帳に、戸別ごとの家族構成まで詳しく報告しなくてはなりませんでした。

既存の寺院をうまく使うことによって、ほぼ完ぺきな全国国勢調査が、あっという間に実現したようなものですから、行政的には寺請制度は、素晴らしい名案だったと言えます。それは、課税のための人口把握や、悪名高いキリシタン弾圧にも、大いに役立ったわけです。

ですが、民衆の側からすれば、自分たちの信仰とは関係なく、たまたま地元にある寺院に、家族ぐるみで縛り付けられることを意味しました。法事も檀家寺の住職に任せなくてはいけないし、墓地もそこに造らなくてはならなくなりました。

自分の家が属することになった地元のお寺が、たまたま真言宗であったり、禅宗であったりしたわけで、別にその宗祖が説いた教義に関心があったわけではありません。お寺の本堂に行ってみたら、昔の偉そうな坊さんが祀《まつ》られていて、お寺の和尚《おしょう》さんが、その人物が広めたという教えをありがたそうに話すので、なんとなく「偉い坊さんだったらしいなあ」と思いはじめるわけです。

ですが、その本堂の真ん中に収まっている高僧は、檀家の人たちが思い込んでいるほど、昔から偉い人として崇められていたのではなく、とんでもない異端として歴史に登場してきて、いろいろと問題を起こした人たちなのです。

近代の歴史に登場してきた新宗教の教祖たちのことを考えてみれば、すぐに分かることですが、彼らは揃って個性のきわめて強い人たちだったし、時には突飛な教えを説いて、世間一般から白い眼で見られた時期もあります。

現代の宗教家でもそうなのですから、何百年も前に一宗一派を創った人たちが、一筋縄で済むはずもないのです。日本仏教史上には、歴史に大きな足跡を残した思想家たちが綺《き》羅星《らぼし》のごとく輝いていますが、よくよく見てみると、彼らは最初から仏教のメイン・ストリームにいたわけではなかったのです。

むしろ彼らは、保守勢力にとって、目の上のタンコブのような異端でした。場合によっては、その時、オウム真理教の教祖麻原彰晃《あさはらしようこう》なみに危険人物と見られていた可能性があります。そういう異端的な人物が、主流派として定着するまでには、ずいぶんと山あり谷ありだったはずです。

そのことは現代においても、重要な意味をおびています。どういう分野においても、新たな価値観を創る人たちは、一般社会からは異端視されているのに違いありません。そういう人たちをいたずらに排斥するのではなく、彼らの言い分に耳を傾けることによって、日本も大胆な再生を果たすことができるのではないでしょうか。

ここから、やや駆け足になりますが、日本仏教史上の主だった宗教家たちの異端ぶりを浮き彫りにしてみたいと思います。古い思想の皮がむけて、新しい思想の芽が吹きだす時、必ず異端者の働きがあることが、明らかになってくると思います。

危険人物だった聖徳太子《しょうとくたいし》

旧一万円札の肖像にもなっていた聖徳太子（五七四―六二二）は、国民的英雄となっています。理由ははっきりとしないまま、なぜかこの人だけは日本史上に珍しく、なかば神格化されていて、社会的にも学問的にも批判や揶揄《やゆ》の対象とはなりません。やはり皇族だったということで、国民の目線も異なるのかもしれません。

しかし、聖徳太子というのは、神さまめいていたというよりも、現実には相当に激しい人物ではなかったかと思われるのです。でなければ、外国からやってきたばかりの得体の知れない宗教を、国家運営の大原則にしようなどと、途方もないことを思いつかないはずです。当時の人は、神道しか知らなかったわけですから、インドで生まれた仏教という「邪教」を受け入れれば、国に災いが起きると真剣に憂えていたのです。

そういう状況で、仏教を国家の中枢に据え付けるというからには、聖徳太子には、急進派として相当の覚悟があったはずです。それまで前例のない遣隋使を派遣したり、生まれつきの氏姓ではなく、個人の能力を昇進基準とした冠位十二階を定めたりしたことは、当時の人間にしてみれば、まったく常識外れの、革命的な行政だったと思われます。

そうです。聖徳太子は、聖人でもなければ、常識人でもなかったのです。突出した異端児でした。聖徳太子の両親は、同じ欽明《きんめい》天皇を父とする異母兄妹だったとされているので、ひょっとすれば近親結婚による突然変異的な天才だったのかもしれません。

それでなくても、仏教という異国の宗教を受け入れるかどうかについて、自分がその一員でもある積極派の蘇我《そが》氏と、日本の伝統を忠実に守ろうとする物部《もののべ》氏が戦争までしているのです。

それまで八百万《やおよろず》の神々は、鏡や刀や玉に象徴されるだけで、人間の姿をとることはなかったのに、朝鮮半島からやってきた仏像は、あまりにもリアルな人間の姿をしていました。ホトケという理解をまだもたない人々にとっては、それは「蕃神（あたしくにのかみ）」であり、この国に大いなる災厄をもたらすかもしれないと恐れられました。物部氏は、そういう平均的な日本人の心情を代表して、仏教を排除しようとしたのです。

かろうじて蘇我氏が勝ったものの、まだまだ抵抗勢力が残存している状況下、聖徳太子は日本初の女帝である推古《すいこ》天皇の摂政として、大半の人間がまだはっきりとは理解していない仏教思想を現実の政治世界に持ち込もうとしたわけです。

とくに、「和をもって貴しとなす」で始まる十七条憲法は、仏教のみならず、儒教や道教など大陸の思想が根幹にあるわけですが、それを日いずる国・大和の国家指針としたことは、彼が正真正銘の急進的改革派だったことを物語っています。

漢語で書かれた難解な仏典の注釈書である『三経義疏《さんぎょうぎしょ》』を著すほどですから、仏教思想に造詣が深かったことは間違いありません。天寿国繡帳《てんじゅこくしゅうちょう》に縫い込まれている「世間虚仮《せけんこけ》、唯仏是真《ゆいぶつぜしん》」という言葉からも、聖徳太子の仏教理解の深さが窺い知れます。

しかし、それまで山川草木を畏《かしこ》きものと崇めていた日本人には、「目の前の現世は空《むな》しいもの、真実なるものはこの世にない」というような世界観はありませんでした。亡くなっても、常世に行って、またこの世に戻ってくる。古代日本人にとって、現実のこの世以外に真実な世界はなかったわけです。

「世間虚仮、唯仏是真」というような常識破りの発言をするだけでも、彼は周囲から奇異の目で見られたに違いありません。法隆寺《ほうりゅうじ》や四天王寺《してんのうじ》が建立されたといっても、当時の人間には万博のパビリオンを見るぐらいの珍しさのほうが強かったのではないでしょうか。

そういう逆風の中、憲法も制定し、冠位制度も整備した聖徳太子のおかげで、日本は国家の体をなし、後進国ながら国際社会に打って出ることができたのです。さすが高額紙幣の肖像になるだけの大仕事は、やってのけています。

それにしても、遣隋使の小野妹子《おののいもこ》らにもたせた国書には、「東の天皇、西の皇帝に敬《つつし》みて白《もう》す」とまで書いています。客観的に見れば、一大文明国だった中国を相手に、新興国の政治家がよくもここまで堂々と言い切ったものです。中国にとっては、片腹痛い思いだったでしょう。日本海がなければ、その時点で、日本は中国の属国として呑みこまれていたかもしれません。

どうやら真のリーダーには、こういうハッタリを歴史の節目でやってのける才能があるようです。現代日本の政治家がアメリカや中国に見せている卑屈な態度を思えば、忸怩《じくじ》たるものがあります。

しかし、急進派というのは、いつの時代であっても、長寿を全《まっと》うできないものです。確たる史料がないので憶測に過ぎませんが、聖徳太子も四八歳で亡くなっているところを見ると、暗殺の可能性は高いと思われます。妃の橘大郎女《たちばなのおおいらつめ》が前日に亡くなっているので、同じ食事を口にした夫婦は、何者かに毒殺されたのではないでしょうか。

豊聡耳《とよとみみ》王子と呼ばれたほど聡明な彼のことですから、自分の急進的な行動が抱えているリスクは十分に承知していたはずです。それでも、日本を一流の文明国とするには、どうしてもこの歴史のこの時点において、仏教を取り入れなくてはならないという直感が彼にはあったと思われます。その直感は、やがて確信となり、抵抗勢力を抑えて、聖徳太子は大胆な政治改革を実行に移したのです。

政党同士がどんぐりの背比べをして、いつまでも国家の指針を作れないでいる日本の政治に、今ほど異端力が必要な時代はありません。そういう意味でも、本邦初の本格的異端である聖徳太子に、高額紙幣の肖像として再登場してもらったほうがいいのではないでしょうか。

異端からメイン・ストリームになった行基《ぎょうき》

どうやら歴史に名を残す宗教家には二種類あって、一つは一宗一派を築き、後継者がその教団を幾世代にもわたって発展させていくタイプです。もう一つは、強い個性をもち、歴史に大きな足跡を残しながらも、教団組織を作らず、彗星のごとく現われ、彗星のごとくに消え去っていくタイプです。

後者のタイプの筆頭が、行基（六六八—七四九）です。彼は現在の堺市《さかい》あたりに住んでいた百済《くだら》からの帰化人の血を引いていましたが、一五歳で出家しています。二四歳ぐらいまで薬師寺《やくしじ》などで唯識学を学んでいましたが、やがて寺を去り、山林修行を始めました。

最初に寺に入って、学問を積むものの、突如として寺を離れ、山で孤独な修行をするというパターンは、空海はじめ、その後の仏教僧の伝記にもよくみられるのですが、その先鞭《せんべん》となったのが、行基です。

一〇年以上もの山林修行で、確かな手ごたえがあったのか、三七歳になった行基は、人里に戻ることを決意しました。彼のまわりに一気に多くの人が集まるようになったところを見ると、よほどの呪力を身につけていたと思われます。呪力というのは、雨乞いや虫送り、病気治しや子授けのことです。今も昔も、人々が行者に期待するのは、精神的啓蒙などではなく、現世利益です。

当時、平城京遷都（七一〇）のために過酷な労役に駆り出された庶民の中から、土地を捨て、流民となる者が少なくありませんでした。彼らこそが、いずれの寺院にも属さなかった自由人である行基に救いを求めて、その弟子となったのです。

しかしいつの時代でも、短期間に多数の人間を集めてしまう人物というのは、体制側からは危険人物視されるものです。案の定、朝廷は彼のことを「小僧行基」と呼び捨て、一切の布教活動を禁止しました。

天皇が発した詔《みことのり》には「みだりに因果応報のことを語り、徒党を組んで、焼身自殺をしたり、みずからの皮膚を剝《は》いで、それに写経したりしている。家々を回って、しつこく物乞いをしているくせに、それを聖なることだと言いふらし、多くの人々をたぶらかしている」と記されています。

おまけに、行基たちは踊りながら神を降ろす巫術《ふじゅつ》を行ない、病気治療に役立てていたとも伝わっていますが、これはスリランカの悪魔祓《ばら》いとそっくりです。もしその一部でも事実だったなら、確かに相当アブナイ集団だったに違いありませんから、弾圧されても致し方ない面があります。

しかし、彼はそのような弾圧を気にすることもなく、あちこち移動し、着実に信奉者を増やしていったのです。彼を慕《した》う者は、一般庶民だけでなく、役人の中にも大勢いました。やはり、徳のある人物だったのでしょう。

行基は教えを説くだけではなく、各地で池や橋を造るなどの土木事業の指揮をとっていたのですが、七二三年に朝廷が「三世一身法《さんぜいっしんのほう》」を発令して、農民に自発的な開墾を奨励するようになると、よけいに行基の民衆指導者としての役割が評価されるようになりました。

あまりの行基人気を目の当たりにして、朝廷は従来とはまったく別な方針をとることにしました。それは、彼を利用することです。大仏建立を国家事業と決めたものの、莫大な経費を要するため、その募金活動を行基に依頼したのです。

何しろ彼の神秘的な能力に驚いた人々は、彼のことを行基菩薩と呼んでいたぐらいですから、多くの寄付が集まりました。朝廷は、その功績を認め、かつて「小僧行基」と呼び捨てていた人間を、薬師寺大僧正としたのです。その後も、彼は光明《こうみょう》皇后や聖武天皇の帰依《きえ》も受け、八一歳で亡くなっています。

行基の生きざまは、異端としてマージナルな位置づけをされていた人物が、やがてメイン・ストリームを形成するという日本仏教の基本的パターンの縮図と言えます。それにしても行基のように、教えを説くだけでなく、市民生活のただ中で、社会貢献をするような宗教家が、現代日本にどれほどおられるのでしょう。

寺院の中には、莫大な観光収入を得ているところがありますが、それを活《い》きた形で社会還元する方法はいくらでもあるはずです。日本再生のために、現代仏教者も行基のごとく、一汗かいてほしいものです。

ドロップアウトだった大天才・空海

日本仏教のスーパースターといえば、まず弘法大師《こうぼうだいし》空海（七七四―八三五）の名前を挙げざるを得ません。日本史上、宗教家であるなしを問わず、彼ほど多方面において、非凡な才能を発揮した人物は、まずいないからです。俗説の域を出ませんが、彼が発明したものとして、平仮名、いろは歌、お灸、讃岐《さぬき》うどん、手こね寿司などがあります。何でもかでも「空海作」としたい心情が人々にあるということは、彼の存在の大きさを物語っています。

非凡な人間は、幼い時から非凡だったようです。彼の幼名は真魚《まお》ですが、学者として高名だった叔父・阿刀大足《あとのおおたり》より、一五歳あたりから四書五経を学んでいます。そして、一八歳になると朝廷で皇子の家庭教師をしていた大足を頼って、都の大学に進学します。

ここから、彼が真に非凡だった事績が始まります。おそらく当時一つしかなかった大学に進学するほどの秀才だった空海ですが、なんと大学をあっさりと辞めてしまったのです。これは、坂本龍馬が土佐藩を脱藩したくらいの騒ぎではなかったはずです。都から遠く離れて、狩猟や漁労に明け暮れする故郷の人々は、ふつうの若者には望みようもない登竜門を昇りはじめた彼に、大きな夢を託したにちがいありません。

まだ一九歳だった彼が、大学を中退することになったきっかけは、一人の僧に逢って、虚空蔵求聞持法《こくうぞうぐもんじほう》という神秘的な行法を学び、そのとりこになったからです。すっかり求聞持法に魅せられた空海は、四国や熊野の山々に潜《ひそ》み、修験者となっていたとされています。修験者と言っても、当時はまだ修験道が誕生していませんでしたから、独りで山に入って狩猟をするマタギのような荒々しい山林修行だったのではないでしょうか。

渓流で水垢離《みずごり》をとったり、崖をよじ登ったり、樹木の下で眠ったり、おそらく死と隣り合わせの、半ば動物的な生活だったと思われます。そういう山林修行に没頭するうちに彼の体には、たぐい稀な身体感覚が培《つちか》われていたに違いありません。とくに室戸《むろと》岬の御厨人窟《みくろど》で瞑想にふけっている時に、彼の口に明星（金星）が飛び込んできたという話は、大いに興味が惹《ひ》かれます。

その体験をどう解釈するかは、厳密には本人にしか分からないわけですが、私はその瞬間、空海の肉体に宇宙的思考が入り込んだのではないかと想像しています。でなければ、宇宙哲学ともいえるほどスケールの大きい密教思想が彼の頭脳から生まれてくるはずもありません。

彼の父は、佐伯田公《さえきのたぎみ》という讃岐国の豪族でしたが、栄《は》えある大学で学ぶことになった真魚を中央官僚にすることを夢見ていたのです。その息子が何の相談もなく、大学を中退し、こともあろうにボロをまとって、山林を駆け巡っていると聞いた時には、怒り心頭に発したのではないでしょうか。今でも名家の父親というのは、息子に過剰に期待しがちですが、そんな心情は一〇〇〇年以上の昔でも変わらなかったはずです。

儒教・道教・仏教の比較思想論である『聾瞽指帰《ろうこしいき》』は、そういう父親に自分のしていることを納得させるために、空海が二四歳の時に著したとされています。そんな難解な書物が書けるということは、山で修行しながら、学問も続けていたということです。やはり、非凡の才の持ち主です。

しかし社会からドロップアウトしていたはずの空海が、なぜか三一歳の時、二〇年もの留学を義務づけられている留学生《るがくしよう》として遣唐使船に乗り込んだのです。どうして、そんな難関を突破できたのか。謎とされていますが、きっと叔父・阿刀大足の人脈でも使ったのではないでしょうか。

遣唐使船には乗ったものの、暴風雨に見舞われ、はるか南方の福州に漂着します。四隻で難波津《なにわづ》を出航した遣唐使船の第一船に空海、第二船に最澄が乗り、残りの二隻はあえなく海の藻屑《もくず》と化してしまったのですが、もしこの時、第一船と第二船が沈没していたら、日本の仏教史は、今とはまったく異なった道をたどることになったはずです。「歴史の意志力」は、やはり必要な人材の命は守り通すようです。

上陸してからも、さんざん苦労して唐の都に至るのですが、そこで空海は名だたる高僧たちから密教を学んでいます。中国語ができたと伝わっていますが、日本にいる間から何らかの方法でそれを習得していたのです。さらに、現地では密教経典を読解する上で不可欠の梵語《ぼんご》を学んでいます。いったい彼は、どんな頭脳を持ち合わせていたのでしょうか。

真の「山師」だった空海

それだけではなく、空海はじつに的確な判断力で、大勢の人間を雇って、重要な曼荼羅《まんだら》や経典を書写させています。そして、密教儀礼に不可欠な高価な仏具も買い求めています。その買い物リストである『請来目録《しょうらいもくろく》』は、現在、国宝になっていますが、ここに、もう一つの謎があります。

それは、高価な買い物をするだけの資金を、どうして空海がもっていたかということです。空海本人が、「虚しく往きて、実《み》ちて帰る」という言葉を残しているぐらいですから、帰国の際には、よほど満足感があったのでしょう。

彼と同じ時に入唐した最澄は、正式な短期留学生である還学生《げんがくしょう》として、桓武《かんむ》天皇直々の使命をおびていましたから、莫大な留学資金を朝廷から与えられていました。ところが、それまで無名の空海は、いわばモグリの留学生ですから、そんなに所持金はなかったはずです。なぜ貧乏留学生が、ニューヨークの五番街で買い物をしまくるようなことができたのでしょうか。私もアメリカ留学時代、ともかくお金がないことに悩まされましたので、そのことが不思議でならないのです。

また青龍寺《せいりゅうじ》の恵果《えか》から灌頂《かんじょう》を受けた際、自分が「遍照金剛《へんじょうこんごう》」という名を授けられたことを祝して、五〇〇人もの僧侶を祝賀会に招いて、食事の接待をしているのです。やることも日本から来た若い僧にしては、ケタ外れの派手さがありますが、それにしても、いったいその莫大な費用はどこから捻出したのでしょうか。

どうやらその答えは、彼の不思議な能力によるところが大のようです。彼は留学前に、修行で培った神通力を使って、日本各地に数多くの金銀の鉱脈や温泉を掘り当てています。その中には、修善寺《しゅぜんじ》温泉や龍神《りゅうじん》温泉を含め、現在も人気を博している温泉がありま す。

「山師」という言葉は、現代では詐欺師のような意味をおびていますが、空海は山のことを知り尽くしていたという意味で、真の「山師」だったのです。鉱脈や温泉源を高い確率で掘り当てる「山師」として、彼は莫大な報酬を得ていたのではないかと想像されるのです。それなら、当時世界最高の繁栄を誇っていた長安の町で高級ショッピングをしたり、豪華パーティーを開いたりと、ふつうならできないことをやってのけたことが納得できます。

嵯峨《さが》天皇・橘逸勢《たちばなのはやなり》とともに三筆の一人である空海の天才ぶりは、書道にも発揮されます。彼は、篆書《てんしょ》体や飛白《ひはく》体などを含めて、あらゆる書体をこなしたのですが、行草《ぎょうしょ》体で書かれている『風信帖《ふうしんじょう》』などは、まるで音楽を聴いているような躍動感があります。

彼は、教育者でもありました。それまでに存在していた大学には、貴族や郡司の子息しか入学できなかったわけですが、彼は庶民の子でも入れる綜芸種智院《しゅげいしゅちいん》を作りました。しかも仏教のことだけでなく、儒教や道教の勉強もできたそうですから、かなり進歩的な研究機関だったわけです。その伝統が今日も、種智院大学と高野山大学に継承されています。

いずれの分野においても超人的な才能を発揮した空海ですが、なにより彼の凄みは、その独創的な思想にあります。真言密教の核心には、「法身説法」という考えがありますが、それは本来、目に見えないホトケが、つねにこの現象界でたくましく語りかけているというものです。太陽も月も、山も川も、樹木も動植物も、仏教の真理を語ってやまないというわけです。少し考えてみると、それは日本に縄文文化以来、存在したアニミズム的世界観と通じるものがあり、いかにも命がけで山林修行していた空海らしい発想です。

もう一つ密教の中心となる考えは、三密加持《さんみつかじ》による即身成仏です。これは、体で護摩《ごま》を焚《た》き、口に真言を称《とな》え、心で曼荼羅を見つめ、みずからホトケとなって、現象世界を動かすほどの法力を得るということです。これも、古代からあるシャーマニズムに似ています。シャーマンも没我的トランス状態で神と一体となり、自然現象を変える力を得ようとします。

京都の二条城の横にある神泉苑《しんせんえん》は、天皇の勅命を受けた空海が雨乞いをした場所として知られていますが、長年、山中で呪力を磨いていた彼にしてみれば、雨を降らすことぐらい、朝飯前だったはずです。

青春の多感な数年間、山林で野性的な生活を送った空海は、動物的な嗅覚で、中国から持ち帰った密教と日本土着の山林修行を合体させて、真言宗を完成させていったのです。それは単に一つの宗派を開いたというだけではなく、中国仏教のコピー版に近かった奈良仏教から、国風の平安仏教への転換を果たしたという重大な意味があります。

そんなスケールの大きい空海ですが、なんと僧侶として正式な得度を一度も受けていなかったのです。いわゆる私度僧《しどそう》として低い位にいたわけですが、その彼が日本仏教史上、空前絶後の大仕事をやってのけたのです。ここでも、異端の力、恐るべしと言わざるを得ません。

帰朝後の空海は、雨乞いをはじめ、さまざまな修法にめざましい効験があったためか、社会的に大きな注目を浴び、破竹の勢いで活躍しはじめます。高野山を開いただけでなく、東大寺《とうだいじ》にも密教に基づいた灌頂道場を建立し、都には朝廷から教王護国寺《きょうおうごこくじ》（東寺）を与えられます。亡くなる直前には、御所の中に真言院という特別な修法道場を設けるという破格の扱いを受けています。

史料には残っていませんが、彼は自分より数十年先に生きた行基のことを強く意識していたのではないでしょうか。人々に菩薩と呼ばれるほどの人気があった行基の事績を空海が知らなかったはずはありません。

彼も多くの土木事業にかかわり、あちこちで人々の生活改善に貢献しています。香川県にある広大な満濃池《まんのういけ》は、その代表的なものですが、九世紀に改修された貯水池が、二十一世紀の現代にも役立っているわけですから、この人の偉業は時間を超えたスケールを持ち合わせています。

現在でも、四国遍路をする巡礼者たちは、同行二人《どうぎょうににん》と言って、一人ではなく、「お大師さん」と一緒に歩んでいるのだと考えます。一〇〇〇年以上の時間が経って、そこまで慕われているというのは、いかに空海という破格の異端者の存在が大きかったか、容易に想像できます。

日本仏教の母となった最澄

豪放磊落《ごうほうらいらく》な印象を受ける空海とは対照的に、どこまでも貴族的で静謐《せいひつ》な雰囲気を漂わせているのは、伝教大師《でんぎょうだいし》最澄（七六七―八二二）です。近江国の出身で、一五歳で国分寺に入り、一九歳の時に東大寺で正式に受戒をしています。

どちらの寺も選ばれた人間にしかくぐれない名門寺院です。父親は帰化人の末裔《まつえい》として名をなした人物だったので、おそらく裕福な家庭で、すぐれた家庭教育を受けたと思われます。しかし、彼もまた単にエリートの道を歩んだ秀才学僧ではなかったのです。

なぜなら、得度の直後、東大寺を離れ、京都の比叡山に籠ってしまったからです。今は比叡山といえば、大伽藍《だいがらん》がそびえる延暦寺で有名ですが、当時は原生林の中に隠遁者が潜む小さな庵が点在していた程度でしょうから、そんな山に入っていくというのは、まったく不可解な行為です。その時、彼が書いた『願文《がんもん》』によれば、自分のことを「愚中の愚」と呼んでいますから、何かよほどのことがあって、失意のただ中にあったのでしょう。

なぜ、そこまで自分に落胆したのか、史料がないので不明ですが、真剣に道を求める者には、挫折はつきものです。とくに歴史に名を残すような宗教家は、深い絶望の淵から這《は》い上がってきた人ばかりです。苦悩が深ければ深いほど、求道心の原動力になるからです。

しかし比叡山に籠ってから一二年後、法華十講《ほっけじっこう》の講師に選ばれ、最澄は頭角を現わしはじめます。やはり山中での充電時間が長かった彼は、まぶしい光を放ちはじめたのでしょう。そして桓武天皇の庇護を受け、還学生として晴れて入唐するわけですが、帰朝後は、法華一乗思想を軸とした天台宗を立ち上げます。そのあたりまでは順風満帆だったわけですが、それからは再び苦難が続きます。

まず、地位も年齢も下の空海に、密教の教義を教わる立場になり、ついには愛弟子の泰範《たいはん》が空海のもとに去ってしまうという屈辱まで味わいます。この出来事は、よほど最澄にはこたえたようです。

さらに、人間は誰でも平等に悟りを得る資質を有するという理想主義を唱える最澄は、人間の中には悟れない者もいるという現実主義を唱える会津の徳一《とくいつ》という学僧との、果てしない教理論争に巻き込まれてしまいます。謹直《きんちょく》な性格の最澄は、自分の考えを批判されれば、正面から反論せずにはおれなかったのでしょう。

素性不明ながらも、やたらと学識が豊富な徳一は、空海の思想も批判の俎上《そじょう》にあげますが、まったく徳一にとりあっていない空海と比べれば、最澄という人となりが想像できます。結局、徳一との執拗《しつよう》な論争を続けた最澄は心身ともに疲弊していくことになるのですが、彼の人並すぐれて生真面目な性格が災いしたのかもしれません。

と同時に、最澄は従来の、ごく少数の人間だけが保つことのできる小乗仏教の戒律ではなく、より多くの人間が出家の道を歩めるように、大乗仏教の戒律に基づいた戒壇院を設立したいという悲願をもっていました。もう少し具体的に言えば、最澄が新たな戒壇院で求めようとしていたのは、梵網戒《ぼんもうかい》という、どちらかと言えば在家者向けの簡素化された戒律だったのです。法華一乗思想を唱える彼は、「真俗一貫」という立場から、そのような考えに至ったのでしょう。

当時、戒壇院は東大寺の中央戒壇、下野《しもつけ》薬師寺の東戒壇、大宰府観世音寺の西戒壇の三つだけでした。いわゆる天下の三戒壇ですが、そのいずれにおいても得度を受ける者には、『四分律』に記された二百五十戒を保つことが条件とされていました。

インド仏教以来の小乗戒至上主義を無視し、天下の三戒壇とは別に、在家者向けの戒律を基準とする異種の戒壇院を創設しようという最澄のもくろみは、長い伝統を守ろうとする僧侶たちにしてみれば、どうにも噴飯ものだったでしょう。

かつて桓武天皇の厚い庇護を受けていた最澄も、この頃になって、仏教界からは完全に異端視されていたと思われます。当然のことながら、新興の天台宗とは異なって、長い伝統をもつ南都の仏教寺院への遠慮もあり、朝廷は最澄の請願に対して、許可を下すことはありませんでした。ついに彼の悲願が叶ったのは、亡くなって七日目でした。今で言えば、没後の叙勲みたいな性格をおびていた処置だと思われます。

晩年になればなるほど光を浴びた空海とは対照的に、気の毒なほど苦労が重なった最澄ですが、その後の歴史を見るかぎり、彼は決して負け犬ではありませんでした。

その後、日本仏教を背負って立つような人物の大半が、最澄が創建した比叡山延暦寺で修行しています。法然、親鸞《しんらん》、道元《どうげん》、栄西《えいさい》、日蓮など、綺羅星のごとき思想家たちが、比叡山から輩出しています。そういう意味で、空海が日本仏教の父とすれば、最澄は母といえるような気がします。二人の偉大な異端が、日本仏教の基盤を作ったわけです。

一方の高野山は、今も参拝客の足が途絶えることはないものの、そこから日本仏教全体にインパクトを与えるような思想家は輩出していません。空海の存在があまりにも大きかったため、その影を乗り越えることは、よほど難しいことだったと推測されます。

それにしても私は、最澄が大乗戒壇院設立を、生涯の悲願としたという事実に注目します。選ばれた者だけがホトケの教えに与《あずか》るのではなく、道を求める者なら誰にでも、その門戸は開かれるべきだと、彼は考えていたのです。そういう弱者の立場に立った発想というのは、おそらく彼が、一九歳で「愚中の愚」である自分に失望し、突如として比叡山に籠ってしまった時に芽生えたのではないでしょうか。

空海にはどんどんと外に向かって広がっていく壮大さがありますが、最澄は、つねに自分の分をわきまえ、静かに足元を見つめていたように思われます。その結果生まれてきたのが、「一隅《いちぐう》を照らす、これすなわち国宝なり」という考えです。人間一人ひとりが、自分の持ち場で明かりとなって周囲を照らしていく。そういう謙虚な姿勢で苦難の人生を生き抜いた最澄だったからこそ、日本仏教の門戸を広げることができたのです。

縄文人の踊りを再現した空也上人《くうやしょうにん》

同じ「空」という漢字が名前についていても、空海とまったく異なる生き方をしたのが、空也上人（九〇三―九七二）です。この人の生涯については、歴史的な資料があまり残っていないため、ほとんど伝説に頼らざるを得ないところがあります。

まず空也という人を知るには、京都の六波羅蜜寺《ろくはらみつじ》にある空也像を見つめることから始めなくてはなりません。口から六体の阿弥陀像が出ています。ナムアミダブツの一音一音を、ホトケを刻むような気持ちで称《とな》えていたのです。それだけでも、この人が六字の名号に、どれほど打ち込んでいたかが窺い知れます。

空也は、比叡山延暦寺で正式に得度し、一切経《いっさいきょう》を読破したにもかかわらず、ほとんど思想というものを説いていません。その代わり、庶民とともに念仏し、ともに踊っていたようです。踊念仏《おどりねんぶつ》というのは、日本が発祥の地というわけではなく、朝鮮半島でも行なわれていたのですが、かといって空也がその影響を受けたとも思えません。

一説によれば、この人は醍醐《だいご》天皇の皇子らしいのですが、なぜか若くして出家し、門跡寺院に入ることもなく、五畿七道を巡り、あちこちの霊山で苦修練行したのです。中でも、空也は京都の北にある鞍馬山《くらまやま》を好み、そこに籠っていました。鞍馬寺は、毘沙門天《びしゃもんてん》・千手観音《せんじゅかんのん》・護法魔王尊《ごほうまおうそん》を三位一体とする尊天を祀る寺として有名ですが、今でいうパワースポットとして、たしかに不思議な力をもった場所です。

私も五月の満月の宵に営まれるウエサク祭に参加したことがあるのですが、本堂の前に坐っていると、冷たいはずの石畳がオンドルのように温かく感じられたことを思い出します。その温かい「気」に魅せられたのか、平安時代から貴族や武家が足しげくお参りしていました。清少納言《せいしょうなごん》も、鞍馬山のつづらおりの険しい参道を「近くて遠きもの」と、わざわざ『枕草子』に記しているぐらいですから、何度も足を運んでいたのでしょう。

何かと神秘的なエピソードの多い寺ですが、伝説では幼名を牛若丸といった源 義経《みなもとのよしつね》も鞍馬山中で天狗から武芸を学んだとされています。たしかに鞍馬寺から貴船《きぶね》神社に抜ける山道は、大きな杉の木陰から天狗が現われそうな気配が漂っています。空也も、この不思議な山中で暮らすうちに、身体感覚が磨かれ、独自の念仏信仰を始めるようになったのです。

空也といえば、皮衣を身に付け、鹿の角を杖につけた姿で知られていますが、そのことも鞍馬山に縁起があります。山中で、いつもしみじみと聞いていた鹿の鳴き声がしなくなったため、いぶかしく思っていたところ、地元の猟師に殺されたことを知りました。それで、その鹿の皮と角をもらい受け、生涯我が身から離さなくなったというのです。そういうところにも、アニミズム的な要素を強く感じます。

鹿を射殺した猟師・定盛《さだもり》もみずからの殺生を悔いて空也の弟子となり、瓢《ひさご》をたたき、法曲を歌いながら、京の町を巡ったとされています。それが今も六波羅蜜寺に伝わる六斎《ろくさい》念仏のルーツとされています。

空也の踊躍《ゆやく》念仏は、念仏を称えるうちに法悦に浸り、それを全身で表現しようとする時、おのずから体が動きはじめた結果、生まれたのではないでしょうか。あらかじめ念仏踊りの振り付けがあったわけでなく、まったくのフリーダンスだったと思われます。

イスラム教のスーフィーたちは、音楽に合わせて全身を激しく回転させながら踊るうちに、没我の境地に入り、神との一体感に浸りますが、空也の踊躍念仏にも同じような激しさがあったと想像されます。それも、自分を忘れるまで、かなりの時間、踊りつづけたものと思われます。

ここで一つの推論があります。それは、京都市北区の今宮《いまみや》神社に伝わるやすらい祭と念仏踊りの類似についてです。双方とも、踊り手たちが鉦《かね》を打ちつつ、輪になって踊ります。「太秦《うずまさ》の牛祭」や「鞍馬の火祭」とともに、京の三奇祭の一つとされている「やすらい祭」の発祥も、正暦五年（九九四）都に疫病が流行した頃とされていますので、空也の活躍時期より、少しあとになります。

じつは私も今宮神社の氏子なのですが、真っ赤な毛と真っ黒な毛のカツラをかぶった男たちが、真っ赤な衣装をまとい、「やすらい花や」と歌いながら、不思議なリズムで体を浮かせるようにして踊りつづける「やすらい祭」を見るのを、子供心にとても楽しみにしていました。今も世界各地の民族舞踊を見るのが大好きなのは、そのせいかもしれません。

おそらく平安時代中期の踊りといえば、おおよそ輪舞ではなかったのでしょうか。そこには、集団が大地を踏み鳴らして、厄病神を追い払うという意味があったのです。アイヌにもリムセという輪舞が伝わっていますが、イオマンテ（熊祭り）の中で、男女が入り混じり、激しく乱舞します。そこにも、熊の霊がカムイモシリ（神の国）へ旅立つのを祝うとともに、大地の悪霊を祓うという意味が込められています。

さらに想像をたくましくすれば、そのような輪舞は縄文時代から、人々が舞う姿だったようにも思えるのです。縄文人も、火を囲み、獲物の肉をあぶりながら、木の実を発酵させた焼酎を酌み交わし、歌い踊っていたはずです。なぜそのように考えるかと言えば、拙著『縄文からアイヌへ』（せりか書房）でも論じたことですが、アイヌ文化はかなり忠実に縄文文化を継承しているからです。

少し話がそれますが、現実にもっとも迫力のある輪舞を私が見たのは、ヒマラヤ山中です。二週間にわたるトレッキングで、何十キロもある重い荷物をかついでくれたポーターたちは、厳しい寒さが襲ってくる夜になると、たき火を囲んで踊りはじめました。リズムは粗末な鼓《つづみ》ひとつでとっていましたが、カーストの低位に置かれている彼らが、没我の中で魂を解放する光景を見て、私は深く心打たれました。

空也のまわりにも、差別されるような立場に置かれていた人々が従っていたのです。だからこそ、彼は「市聖《いちのひじり》」と呼ばれていました。それは、縄文時代から一貫して日本人のDNAに流れていた輪舞の伝統に、仏教的な念仏信仰を混ぜ合わせたからではないでしょうか。空也の踊念仏にも、文化の発酵力を感じます。

空海や最澄が、思想面における仏教の国風化をやってのけた人たちだとすれば、空也はまさに実践面での国風化を推進した人物です。彼の系譜は、ひとつの宗派としては残っていませんが、空也という異端の念仏者が出現しなかったなら、平安末期に至って、民衆に向かって易行往生を説く法然も、鎌倉時代になって踊念仏を広めた一遍《いっぺん》も出現しなかったはずです。やはり、歴史は必要な人物を必要な時に配材するように思えてなりません。

法然の深い苦悩から生まれた革命的思想

空也上人からおおよそ二〇〇年後に登場した法然上人（一一三三―一二一二）は、日本仏教史の中でも、ひときわ大きな役割を果たすことになりました。なぜなら彼はみずからの力で、奈良・平安時代を通じて確立されていた鎮護国家の仏教を、身分にかかわらず、一人ひとりの人間が救われていく個人救済の宗教に転換してしまったからです。

まさか本人には、日本仏教のパラダイム・シフトをやってのけるという意図を最初からもっていたのではなかったのでしょうが、絶望の淵に突き落とされた自分が確実に救われる道を探しているうちに、結果的にそういう偉業をやってのけることになってしまったのです。

彼のドラマチックな生涯は、私の処女小説である『法然の涙』（講談社）に描いていますが、法然を突き動かしていたものは、深い苦悩だったと思います。幼い時に父親が目の前で殺され、その結果、実家が消滅するという憂き目を体験しています。このことは、汚れなき魂に決定的なトラウマを植え付けることになったと思われます。

そして、九歳で地元の山寺に預けられ、武家を継ぐはずだった彼が見習い小僧として孤独を味わいます。そして一三歳の時に、比叡山に送り込まれるのですが、そこで体験したことは、いっそう悲惨なものでした。

傭兵である僧兵たちが暴力行為を繰り返し、正式な僧侶たちも出世欲ばかりが旺盛で、互いに権謀術策をめぐらせていたのです。都の貴族出身ではなく、地方の名もない新興武家の倅《せがれ》だった彼は、とくに陰湿なイジメを受けることになりました。

それで一八歳の時、とうとう延暦寺の中でももっともマージナルな寺の一つである黒谷《くろだに》青龍寺に隠遁し、以来、二五年間、ひっそりと学問と修行を積んだのです。そういう背景があったからこそ、彼は誰もが無条件に救われる道としての専修念仏《せんじゅねんぶつ》を発見するに至るのです。

鎌倉時代以前の仏教の主流は、エリートを対象にしたものでしたから、おいそれと誰でもお寺の門を叩くことはできませんでした。とくに由緒のあるお寺は大地主でもありましたから、小作人の農民がその門をくぐるのは、年貢を納める時ぐらいだったでしょう。

それに大寺院にいる高僧たちは、お寺にお金や土地を寄進してくれる皇族や貴族には、金襴《きんらん》の袈裟《けさ》をかけ、仰々しく会うことはあっても、庶民の前には、まず現われることがありませんでした。寄進もできなければ、ろくにお経も読めない庶民は、もう一度、生まれ変わってこないことには、とうてい救われまいとあきらめていたのです。

そういう考え方が常識になっている時代に、法然という革命的な思想家が登場してきて、ナムアミダブツを口に称えるだけで誰もが救われると断言したのです。男も女も、富める者も貧しい者も、罪ある者も罪なき者も、平等に救いの機会が与えられていると、時には宮中で、時には賀茂《かも》の河原で説きつづけました。とんでもなく非常識なことを言ってのけているにしては、彼の言葉はつねに自信に満ちたものでした。

それは、比叡山で過ごした三〇年という歳月の間に、彼は山ほどの経典を読み漁《あさ》り、その上、一日数万遍という念仏を称えることによって、知的にも肉体的にも念仏の底力を確信していたからです。

とくに法然は、定善観《じょうぜんかん》という集中的な念仏を通じて、浄土と阿弥陀仏の姿を幻視するという神秘体験を繰り返していました。彼の念仏信仰は、観念的なものではなく、イメージ体験を踏まえた実証的なものだったのです。

しかし、彼の思想は時代を超え過ぎていたのです。ですから当然のことながら、仏教界の異端として大きな抵抗に遭《あ》いました。彼が暮らしていたという吉水《よしみず》の草庵跡は、知恩院《ちおんいん》の裏山にありますが、おそらく最初のうちは、身を隠すようにして念仏を称えていたのでしょう。

それでも、口にナムアミダブツを称えれば、誰でも救われるという法然の教えは、燎《りょう》原《げん》の火のように民衆の間に広がり、もはや止めることができませんでした。延暦寺や興福《こうふく》寺《じ》など平安社会で巨大な政治力と経済力をもった寺院から、彼と弟子たちは熾烈《しれつ》な非難を受けました。法然の支持者だと分かると、道でいやがらせを受けたほどです。

でも法然は弟子たちとともに、自分の信じるところを突き進みました。南都北嶺の寺院からの抗議の声は朝廷にまで届き、とうとう念仏を停止するよう正式な詔勅《しょうちょく》が出たほどです。彼らが法然を弾圧しようとしたのは、思想的な理由というよりも、念仏信仰に走った民衆が、寺院が経営する荘園から離れてしまうという経済的な理由のほうが、大きかったように思えます。

何しろ彼は、いくら神仏に祈ったところで、病気になる時はなるし、死ぬ時は死ぬ。そんなムダな祈りをするより、極楽往生が保証されている念仏を称えるほうが、大切だと主張していたのです。加持祈禱《かじきとう》をテコにして、朝廷や貴族から高額の寄進を募《つの》ろうとしていた旧仏教勢力にしてみれば、法然はまるで営業妨害を繰り返しているようなものでした。

名門寺院に属していた若い僧侶たちも、次々と法然の弟子となり、後継者を失うという危惧《きぐ》感もあったようです。それまで大寺院の有力スポンサーだった貴族の中にも、法然に帰依する者が出てきて、「これはまずい」と思ったのでしょう。結局、建永《けんえい》の法難《ほうなん》というものが起こり、弟子四人が処刑され、法然は讃岐に、親鸞は越後に流罪となったのです。

これは念仏集団にとって、決定的なダメージでしたが、法然自身はそれほど悲観することもなく、淡々として四国に流されています。それだけの試練に遭っても、まったくブレないところが法然の凄いところです。

結局、彼は五年の歳月を流罪の身で過ごすのですが、その逆境を活かし、都から遠く離れた地方においても、念仏信仰を広めます。そして、最晩年の八〇歳の時、許されて都に戻るのですが、すぐに亡くなっています。臨終の床でも、彼は阿弥陀仏の姿を見つづけていたという記録がありますから、よほど深い宗教体験を重ねていたものと思われます。

波乱万丈の人生でしたが、彼の出現を区切りとして、日本仏教は国家の宗教から民衆の宗教へと、本質的な転換を遂げました。それを彼一人でやってしまったというところが、驚きです。現代の私たちが知る仏教といえば、いわゆる鎌倉仏教の流れをくむ禅や念仏や題目のことなどですが、その礎《いしずえ》を作ったのが、異端の本家本元だった法然なのです。彼の存在は、まさに異端こそが、世界を変え得る歴史的な証拠と言えます。

煩悩で悟った非僧非俗の親鸞

法然の弟子の中で、いちばん有名なのは親鸞（一一七三―一二六二）ですが、彼の名前を聞けば、すぐに肉食妻帯という言葉を思い出します。そうです。彼は日本仏教史上、最初に公然と結婚し、堂々と菜食主義を放棄した破戒僧だったのです。それだけでも、とんでもない異端だったことが分かります。

なぜ彼が、そんな途方もないことをやってのけたかと言えば、師匠である法然の言葉に忠実だったからです。現実主義者の法然は、次のようなことを言っています。

　この世の過ごし方といえば、要するに念仏が称えやすいようにするのが一番である。

念仏を妨害するようなことは、何があっても中止すべきだ。独身だからできないなら、妻帯すればよい。妻帯しているからできないならば、独身ですればよい。(『禅《ぜん》勝房《しょうぼう》伝説の詞《ことば》』)

それを言った当人は、生涯、独身を保ち、戒律を破ることはありませんでした。それが法然にとって、もっとも自然体の生き方だからでしょう。しかし、弟子である親鸞は、師の教えを忠実に実行に移しました。なにしろ法然に騙《だま》されて地獄に堕《お》ちてもいいと宣言していたくらいですから、師の言葉に従うことに、何の不安ももたなかったのでしょう。

オウム真理教事件からも分かるように、いつの時代にあっても、宗教にはつねに師への絶対的な帰依という危険性が伴います。師が誤った方向を指さしても、弟子や信者は嬉々《きき》として、そちらの方向へ歩みだします。親鸞が幸運だったのは、師の法然が自分を神格化せず、ひたすら念仏への帰依を説きつづけたことです。

それでも、法然も親鸞も建永の法難で遠流《おんる》の処罰を受けています。それは、保守的な仏教勢力からすれば、彼らの体制を揺るがしかねない反社会的な危険人物とみなされていたからです。両者とも、比叡山延暦寺で長い歳月を過ごしたにもかかわらず、そこから逸脱して、まったく新しい仏教の形を説きはじめたわけですから、正真正銘の異端でした。

親鸞は、自分の立場を非僧非俗とみなしていました。つまり、坊さんでもなければ、俗人でもないというわけです。いかにも中途半端な生き方のように聞こえますが、私はその言葉に、おそろしく深いものを感じます。インドから発した大乗仏教がおおよそ一〇〇〇年という時間を経て、極東の日本に到達しなければ、そんな考え方が生まれてこなかったでしょう。

日本文化の本質は、曖昧《あいまい》さにあります。聖と俗をきれいに分けてしまうのが、本来の宗教です。東南アジア一帯に広がっている上座《じょうざ》仏教は、出家主義ですから、人間が最終的に救われるためには、ブッダのように世俗的生活を捨てて、出家することを条件としています。聖と俗が混ざり合うことがありません。

キリスト教でも、聖と俗は断絶しています。カトリックの修道士や修道女は、独身であることが絶対条件です。神に仕《つか》える者は、身を潔白にしておかなくてはならないのです。アダムとイブが蛇に騙され、禁断の実を食べることによって、セックスという罪ある行為を犯してしまったという思想が広がったのは、人間社会にとってあまり幸福なことではないように思います。

一部のクリスチャンや上座仏教徒の中には、日本の僧侶が肉食妻帯していることを厳しく糾弾する人がいますが、宗教家は菜食かつ独身であるべきだという決めつけをする、その精神のほうが恐ろしい気がします。神の眼から見て、何が正しくて、何がまちがっているのか、人間には不明です。なのに、この教義こそが絶対正しいと思いこむところに、宗教史上のあらゆる不幸が発生してきたように思います。

原理主義的な信仰に駆られて、テロ行為に走ってしまう過激派なども、もっと娑婆世界に揉《も》まれて人間的に成熟すれば、自分たちがしていることが、いかに未熟で浅薄なことか、おのずから気づくはずです。私の個人的意見に過ぎませんが、果物も少し熟れたほうがおいしいように、宗教も少し世俗化したぐらいが、人間生活にとって、ちょうどよいように思います。

それにしても、十三世紀の日本に登場した親鸞は、非僧非俗という誰も口にしなかった立場に身を置くことによって、東西の宗教が絶対条件としてきた聖と俗の境界線を、易々《やすやす》と越えてしまったのです。彼は、仏教の異端であるだけでなく、世界の宗教史上の異端です。

今でもプロのお坊さんよりも、娑婆世界でさんざん苦労を重ねた一般市民のほうが、深い精神的覚醒に至っている人が多いと思いますが、未来の宗教は非僧非俗の傾向を強め、僧侶と在家の区別が、ますます希薄になるでしょう。それは、宗教の退化ではなく、進化だと思います。

親鸞は、自分のことを愚禿《ぐとく》と呼んでいましたが、それは、形だけは僧侶のように頭を剃っているけれど、自分はタダの愚か者に過ぎないということです。ここまで開き直るのは、大したものです。実際には、平安時代から僧侶たちの多くは、内緒で妻子をかこっていたのです。時代は下りますが、信長が比叡山の焼き討ちをした時も、多くの婦女子が犠牲になったのは、延暦寺の中で、彼らが僧侶の家族として暮らしていたからです。

妻を娶《めと》らない僧侶の中には、稚児を相手に同性愛にふける者もいました。現代でも、独身主義のカトリックの司祭の同性愛が発覚して、よく問題になりますが、人間にとって禁欲というのは、それほど困難なことなのです。

親鸞は、どこまでも正直な人物でした。その正直さが、度を越していたので、異端となったのです。彼は、つねに自分の内面を見つめて、自分の醜さや弱さと戦っていました。でないと、「悪性さらに止めがたし。心は蛇蝎《だかつ》のごとし」（『愚禿悲嘆述懐』）というような言葉を吐けなかったはずです。

また「地獄必定」というようなことも、しきりと口にしています。彼は徹底的に自分に絶望していたのです。その絶望の度合いが中途半端ではなかったからこそ、法然という師の存在を通じて、阿弥陀仏の救済力、つまり弥陀の本願に気づくことができたのです。法然に出会っていなければ、親鸞はみずから命を絶つようなこともあったかもしれません。

面白いことに、そこまで自己の中の闇を見つめ抜いた彼が、弥陀の本願に与るようになってからは、盡十方無碍光如来《じんじつぽうむげこうにょらい》といった具合に、しきりと光という言葉を使っていることです。

それにしても、法然の弟子の中で筆頭格でもなかった彼が、どうして越後に流されることになったのでしょうか。それはおそらく、念仏信者に対して、並々ならぬ影響力をもっていたからだと思われるのですが、私は親鸞を「表現の人」と理解しています。ともかく、ボキャブラリーが豊富なのです。

師の法然のほうは、たぶん口下手だったと思われるのですが、親鸞は話を聞いている人が、「なるほど、そうだったんだ」とガッテンするだけの表現力をもっていました。そのことを恐れた朝廷によって、彼は裁かれたのです。

『歎異抄《たんにしょう》』は、親鸞自身が執筆したわけではありませんが、今でも多くの読者の心をつかんでいるのは、そこに記されている彼のナマの言葉が、それほど魅力的だからです。

法然は、あらゆる階層の中に入っていって、念仏を共に称えるという行動力において異端視されたとしたら、やはり親鸞はその卓越した表現力において、異端視されたのです。

人々の本能に訴えることのできた一遍

法然と親鸞は、鎌倉社会に念仏信仰を定着させるために、思想的な基盤作りをしました。彼らの学識と体験が、それまでの仏教の伝統の中で低い地位に置かれていた口称念仏を、一気に日本仏教の正面に位置づけることを可能にしたのです。

しかし、実際に念仏信仰を全国の津々浦々まで浸透させたのは、「遊行聖《ゆぎょうひじり》」として東北から九州まで歩き回った一遍（一二三九―一二八九）ではないでしょうか。しかも彼は念仏信仰を、心の問題というよりも、身体の問題として、人々の本能に訴えたのです。それは、踊念仏のことです。すでに彼よりも、数百年先に空也が踊念仏を実践しましたが、一遍はそれをさらに進化させ、全国的な規模に広げたのです。

一遍が、法然や親鸞と大きく異なるのは、念仏信仰の根本にある極楽浄土に往生したいという願いすら必要ではないと断言したことです。さらに、口に「ナムアミダブツ」と称えているかぎり、念仏を信じるか、信じないか、ということさえ問題ではないとまで、彼は言い切りました。そこに、前衛的宗教家としての面目が躍如としています。

彼の言い分は、こうです。すべての人を救うことは、すでに阿弥陀仏の約束済みなので、自分の罪深さを嘆くこともなければ、未来に不安を抱く必要もない。すでに救われているという喜びを、全身で表現するなら、自然に体が動きはじめるはずだ。

「ナムアミダブツ」と称えながら踊り、踊り狂えば、ホトケもワレの区別も、苦悩に満ちた此岸《しがん》と阿弥陀仏がおわします彼岸の区別も消えてしまう。自分がホトケであり、ここが彼岸なのだ。そのことに気づけば、山川草木までもが称えている念仏の声が、あちこちから聞こえてくるはずだ。

そういう思想をもっていた一遍は、かぎりなく禅者に近い、異端の念仏者だと言えます。自力と他力の壁を見事に打ち破っています。彼が、そんなに飛躍した考えをもつに至ったのは、他の鎌倉の祖師たちとは異なって、幸か不幸か、仏教学のメッカ・比叡山延暦寺で学ぶ機会をもたなかったからかもしれません。伝統的な仏教学の講義を一度も受けなかったために、型にはまった思考回路を植え付けられることから、免《まぬか》れたのです。

アメリカでは、コンピューターのソフトを開発するプログラマーたちは、たいてい高卒です。大学に進学してしまうと、思考回路が型にはまり、画期的なソフトを作れなくなるために、優秀なソフト会社ほど高卒のプログラマーを高給で採用しようとします。一遍も学問を受けなかったために、前衛的な踊念仏を生みだすことができたに違いありません。

ところで、現代人でもリズミカルな音楽に合わせて体を揺らしているうちに、心の憂さを忘れることがあるものですが、封建社会の抑圧感の中で暮らしていた人々は、一遍の踊念仏に、心からシビれたのではないでしょうか。

私は『教育は壮大な実験である』（金子書房）という本の中でも訴えたのですが、全国の小中学校でも、もっと積極的にダンスを取り入れるべきです。型にはまったダンスではなく、現代的な音楽に合わせて、子供たちが自由に身体を動かすフリーダンスでいいのです。それだけで、ずいぶんうつ病の予防になり、勉学の集中力も改善するはずです。この度、中学校の学習指導要領にダンスが取り入れられたのはとてもよいことだと思います。

心の奥底に溜まった抑圧感情は、決して道徳論や精神論で、取り除くことができません。全身運動による快感を脳の中枢神経にまで及ぼす必要があります。教育界にも、どんどん異端が登場してきて、指導要領に記されていないことも、大胆に「実験」してみてほしいものです。子供たちは国の宝なのですから、彼らが本来もっているイキイキした生命感情を抑えつけるような教育ほど、弊害があることはありません。

さて話を戻すと、脳科学の知識をもたなかった一遍も、鉦や鼓に合わせて念仏を大声で発声し、踊り狂った時、人が確実に変わっていくことを体験から発見したものと思われます。教義ではなく、身体運動を通じてこそ、念仏の本質に迫ることができると考えたのです。ですから、彼は一切の著作を残していません。

そんな前衛的思想の持ち主だった一遍は、生き方も前衛的でした。幼くして出家したものの、家督を継ぐために一五歳で還俗《げんぞく》し、武士に復帰しています。ところが三三歳になると、妻と娘と下女とともに再出家し、全国を遊行しはじめました。

仏教の原則論から言えば、出家者が家族と暮らしていること自体、異端的ですが、さらに家族ともども出家して、全国を旅するというのは、破天荒なことです。法然や日蓮などの思想家と並んで、一遍のような前衛的仏教者が出現したというだけでも、鎌倉時代というのは、まさに日本のルネサンスと言って、過言ではないと思います。

本気で島に恋文を書いた明恵《みようえ》

異端というのは、いつも悲愴な生き方をしているわけではありません。本人は、大マジメに、あるいは命がけで、非常識な世界を生きているわけですが、その当人を一歩引き下がって見てみると、その常識の外れ方が、とんでもなく面白いのです。

その典型が、明恵上人（一一七三―一二三二）です。明恵は異端どころか、華厳《けごん》宗と密教双方の正統派であり、「厳密《ごんみつ》の祖」と呼ばれているくらいですが、堕落した日本仏教を釈尊の時代の原始仏教に戻すべきだという主義主張が、あまりにも真っ当すぎて、結果的に空前絶後の異端となってしまったユニークな存在です。

拙著に『法然対明恵』（講談社選書メチエ）というロングセラーの本がありますが、何事にもいい加減過ぎるほど鷹揚《おうよう》な法然と、何事にもクソ真面目過ぎるほど謹直な明恵のコントラストが、やけに面白く、多くの人が熱心に読んでくださっているのだと思います。

釈尊と同じように厳しい戒律を保つことによって、本物の仏教を復活させなくてはならないと真剣に考えていた明恵とは異なって、法然はまさかこの乱れきった世の中で、戒律など守れるはずがないのだから、いろいろと試みず、ひたすら念仏さえ称えていれば、誰でも必ず極楽往生できるのだと説いていました。

明恵にとっては、そんな自堕落で不真面目な教えは仏教ではなく、『摧邪輪《ざいじゃりん》』と『摧邪輪荘厳記《しょうごんき》』という二冊の書物を著して、「汝はすなわち畜生のごとし、また是れ業障深重《ごっしょうじんじゅう》の人なり」と、法然のことを激しく糾弾しました。

阿弥陀如来に頼る他力本願なんかではなく、自分でしっかりと菩提心をもち、釈尊と同じ悟りを開くべきだと考えていた明恵は、坐禅が三度の飯よりも好きだったのです。京都の神護寺《じんごじ》で修行をしていた時などは、三日間ほど裏山に籠って坐禅をしては、急に寺に現われ、台所にあった数人分の食事をドカ食いしてから、また山に消えたと言います。

坐禅というのは、本気でやった人間にしか分からないと思いますが、酒やタバコと同じで、一種の中毒症にかかるものです。坐禅は決して苦行などではなく、「安楽の法門」と言われているように、没頭すればセックスよりも深いエクスタシーに浸ることができます。だから、止められないのです。

明恵のユニークなところは、華厳思想を哲学的に研究しただけでなく、それを日常生活の中で、具体的に実践しようとしたことです。ふつう哲学を語る人は、現実とは、ある程度距離を置いて語るものですが、この人は根っからの正直者だったのでしょう、全部まるごと実行に移そうとしたのです。そのためか、明恵は日本の高僧の中でも、ダントツに面白いエピソードを山ほど残しています。

まず彼は両親が戦乱で亡くなったため、九歳で出家していますが、一三歳の時、「すでに年老いたり、死なんこと近づきぬらん」と嘆くような変わった少年でした。釈尊が崖から身を投じて、餓える虎の親子の餌食になったという話に感動し、自分も当時あちこちにあったと思われる風葬場に横たわり、野犬に喰われようともしました。一晩中、野犬たちが死体を食い漁るものの、自分の体は匂いを嗅ぐだけで何もしなかった、だけども物凄く恐ろしかったと、その時のことを回顧しています。

紀州湯浅《ゆあさ》の出身だった明恵は、栂尾《とがのお》の高山寺《こうざんじ》の住職をしていたにもかかわらず、都の喧騒《けんそう》が煩わしかったのか、頻繁に湯浅の山中に籠っています。その道中、ハンセン病に苦しむ人間を見かけたものの通り過ぎてしまい、後で人肉がハンセン病に効くと聞いたので、彼のところに戻り、自分の体の一部を刀でこそぎ落とそうとしたのですが、すでにその人物がこと切れていたので、あきらめたとも言います。

四歳の時にも、烏帽子《えぼし》をかぶせられた明恵の姿があまりに美しかったので、父親が「将来は、宮仕えさせよう」と言ったところ、火箸で自分の顔を焼こうとしたように、少し自虐的な傾向があったようです。

その証拠に、明恵は自分の右耳を刀で切り落としています。その詳しい心理学的分析は拙著『法然対明恵』に譲りますが、湯浅の白上峰《しらかみみね》にあった庵での出来事です。一説によれば、美男子だった清僧の明恵は、女性信者が多かったため、みずからを醜くするためだったとも言われていますが、私は持仏であった仏眼仏母尊《ぶつげんぶつもそん》との究極的一体感を求めての衝動的行為だったと考えています。

華厳思想では、この世に存在するものは、マクロからミクロまで、すべてつながっているという「一即一切」という考えが中心にあり、どんなものでも、ひとつの命を共有しているわけですから、彼はどんな小さなものでも大切に扱いました。湯浅湾の島で拾ってきた小石やタツノオトシゴ、あるいは運慶《うんけい》が刻んでくれた子犬の彫り物も、いつも身辺近くに置いて、愛玩《あいがん》していました。

特筆すべきは、苅藻島《かりもじま》の美しさに惚れ、「涙がこぼれるほど、お慕い申し上げています」と、本気で恋文を書いたことです。しかも、それを弟子に託し、京都から湯浅の島まで、わざわざ届けさせています。冗談みたいな話ですが、すべてに尊い命の息吹を感得していた彼は、大マジメだったのです。

情熱的なまでの釈迦信仰をもっていた明恵は、一度も天竺《てんじく》（インド）への渡航計画を練り、『大唐天竺里程書』という記録を残しています。その中で、きちんと距離計算をし、どこそこに何月何日に着くとまで、綿密な旅程を組んでいます。それをやむなくあきらめたのは、春日大社《かすがたいしゃ》のご神託があったためですが、明恵はいつも何をするのも本気だったのです。

釈迦の命日に営まれる涅槃会《ねはんえ》の最中には、彼が感極まって号泣しはじめたので、他の僧も法要を中断せざるを得なくなったとも言われています。紀州に出かけるために高山寺を留守にする時も、本尊の釈迦如来に「ご不便をおかけしますが、何でも弟子に言いつけてください」と手紙を書き置いています。

明恵の思想の核心にあるのは、「あるべきようは」という考え方です。それは、すべて物事は、本来あるべき姿が定まっているので、それを自分の勝手な都合で変えてはならないということです。単なる道徳論ではないのですが、自然の摂理である「あるべきようは」から外れることを、「悪」と考えていました。

そういう考えの持ち主ですから、ある日、味噌汁を飲んで、思わず「ウマい！」と叫んでしまった時は、そういうことは修行僧にあるまじきことと恥じ入り、埃《ほこり》をかき集め、味噌汁に混ぜて飲んだほどです。

ある時は、彼は水飴が好物だったらしいのですが、当時の水飴というのは糠桶《ぬかおけ》に入れられ、藤皮で覆ってあり、それでは食べにくいだろうということで、弟子が気を利《き》かせ、あらかじめ藤皮を取り除いて差し出したのです。ところがそれを見た明恵は、水飴の「あるべきよう」ではないと、目を涙で潤ませたというのです。よほど繊細な感受性をもっていたに違いありませんが、いささか度を越しています。

承久の乱をきっかけに知り合った明恵の高潔な人格に惚れこんだ執権・北条泰時《ほうじょうやすとき》は、「あるべきようは」という考え方を御成敗式目《ごせいばいしきもく》に取り入れたと言われています。俗世と交わろうとしなかった明恵の思想が、日本の封建制度の基盤を作ったというのも、皮肉な現象です。

明恵は『夢記《ゆめのき》』という夢日記を四〇年近く綴ったことでも知られていますが、彼にとっては、夢体験も大切な仏道修行の一部だったのです。現実には、女性を近づけなかった彼ですが、夢の中でふくよかな女性と睦《むつ》み合い、そのおかげで悟りの境地に近づくことができたと告白しています。

夢を現実のように大切にした明恵は、自然の風物も自分から切り離すことがありませんでした。それをつぶさに観察するために、歌をよく詠みました。とくに明恵は「月の歌人」と呼ばれているほど、月にちなんだ歌が多いのですが、次の歌などは、彼にしか詠めないものです。

あかあかやあかあかあかやあかあかや
あかあかあかやあかあかや月

夜空に浮かぶ月の光が、寺の白砂に照り返して、まぶしいほどの光を放っています。それを眺めている明恵もまた、庭石の上で坐禅を組んでいますが、いつのまにかその光が彼の体内に入り込み、今や彼の体の内からも外からも月が光を放っているのです。

明恵ほどの痛快な異端が、再び日本仏教の舞台に登場してくれれば、打算と迎合ばかりの現代社会に暮らす私たちも、どれほど癒されることでしょう。

迫害されるほど実力を発揮した日蓮

相当、突出した思想をもっていたにもかかわらず、鎌倉幕府に高く評価されていた明恵とは異なって、同じ幕府によって徹底的に目の敵《かたき》にされたのが、日蓮上人（一二二二―一二八二）です。日本仏教史上、並み居る異端の中でも、日蓮ほど、繰り返し執拗な迫害を受けた宗教家はいません。幕府の役人によって、伊豆に流されたり、斬首されかけたり、佐渡に流されたり、散々な目に遭っています。小松原《こまつばら》の法難では、実際に額と腕に負傷していますから、ふだんから絶え間なく、身の危険に晒《さら》されていたのでしょう。

ですが、そのつど日蓮は奇跡的に危機を免れ、一層力強く、自分の言説を主張しはじめます。彼が糾弾した人物の一人である法然も迫害を受けましたが、法然は古い伝統仏教の批判はしても、国政に口出しをすることはありませんでした。ですから、彼の反対勢力は、おもに南都北嶺の僧侶たちだけであり、公家や武士の大半は、むしろ彼のことを慕っていたぐらいです。

ところが、日蓮は元寇の襲来を予言し、そのような国難が次々とやってくるのは、念仏信仰などまちがった宗派を幕府が支持しているからだと、正面から批判しました。つまり、彼は他宗派の批判をしながら、本質的には国政の非を突いていたのです。そんな人間が、権力者から危険視されないはずはなく、不断に命を狙われていたのです。

一方、他宗派の僧侶にしても、「念仏無間《ねんぶつむけん》、禅天魔《ぜんてんま》、真言亡国《しんごんぼうこく》、律国賊《りっこくぞく》」（四箇格言）などと、露骨な全否定を受けたわけですから、黙って彼を見過ごすはずはありませんでした。機会を見ては、幕府に訴え、みずから刺客を送ることもあったはずです。

それにしても不思議なのは、それほど迫害された日蓮の教えが、現代日本にいちばん影響力をもっていることです。現在、日蓮宗には、四十八の本山がありますが、第二位の真言宗は十八本山ですから、日本仏教の七宗派の中でもダントツに活動の本拠地が多いことを示しています。

それだけでなく、いわゆる新宗教も、日蓮の教えを汲む教団が圧倒的に多く、現代人の心情にどれほど彼の思想がアピールしているかが理解できます。その一つである創価学会などは、公明党を通じて、直接的に日蓮の教えを政治に反映させる手段をもっているほどです。

国民的な人気を得ている宮沢賢治《みやざわけんじ》も、実家が念仏信者だったにもかかわらず、日蓮の教えを信奉し、法華経が説く世界を詩や童話を通じて、芸術的に表現しようとしました。その結果、文学者としては異端となり、生前、その文学が評価されることはありませんでしたが、没後一〇〇年以上たって、その反対の結果が生まれています。

日本宗教史上、最大の異端である日蓮が、最大の影響力をもっているという事実を、好悪の問題とは別に、冷静に受け止めるべきではないでしょうか。現代において、異端視されている人物の思想が、数百年という時間を経て、日本文化の中心的要素となっている可能性もあるのです。

それにしても、日蓮のあのブルドーザーのようなパワーはどこから来たのでしょうか。彼の肖像画を見ても、大きく開かれた目から、すべてを射貫《いぬ》くような鋭い力を感じます。自分は「海辺の旃陀羅《せんだら》が子なり」（『佐渡御勘気抄《さどごかんきしょう》』）と言ってのけていますが、彼もマージナルな境遇から出発しています。旃陀羅とは、殺生を生業として生活する者という意味で、インドでは被差別民のことを指します。やはり、マージナルな人間ほど、底力をもっているのです。ふだんはお高く止まっているエリートほど、危機には弱いように思います。リーマンショックで弱体化した企業は、たいていは高学歴のサラリーマン社長の、弱々しいリーダーシップの犠牲となりました。日蓮のように出自の上でも、思想の上でも、マージナルな位置におかれた異端が、実力を発揮できるのが、乱世です。

さて、他の鎌倉仏教の祖師たち同様、日蓮も比叡山延暦寺で学んでいますが、そこで学んだ法華経の価値観については、まったくユニークな捉え方をしていたと思われます。でなければ、一〇年ほどで帰郷し、そこでいきなり「南無妙法蓮華経」と称え出すことはなかったでしょう。

経典そのものを神格化し、礼拝の対象とするのは、ユダヤ教のトーラ、キリスト教の聖書、イスラム教のコーランの例がありますが、仏教ではきわめて珍しいことです。臨済宗《りんざいしゅう》をはじめた臨済禅師などは、経典のことを「故紙」、つまりトイレット・ペーパーに過ぎないと言ってのけたぐらいです。

なのに、日蓮は法華経自体が、ブッダその人であるかのように崇め、またその思いを「ナムミョウホウレンゲキョウ」と声に出して、表現したのです。その発想力には、じつに独創的なものがあります。

現代の経営者の中にも、日蓮に帰依している人が少なくないと思われますが、それは彼らに、日蓮という先人からパワーとオリジナリティーを学び取らなくてはならないという直感が働いているからだと思われます。

私自身は、どちらかと言えば、「ナムアミダブツ」の念仏を口にすることが多いのですが、ウチワ太鼓を叩きながら、威勢よく「ナムミョウホウレンゲキョウ」を称える題目信者を見て、感動することがしばしばあります。どうやら「ナムミョウホウレンゲキョウ」には、人間の生命力を駆り立てるような言霊《ことだま》があるようです。

現代の仏教徒も、あまり宗派にこだわらず、「声のラジオ体操」として、時には「ナムアミダブツ」、時には「ナムミョウホウレンゲキョウ」を称えるぐらいの柔軟性があってもいいのではないでしょうか。

法華系の新宗教の中には、「念仏など称えると地獄に堕ちる」という他者を否定するような教えを説いているところがありますが、そういう排他的な考え方こそが、これから展開することになる新しい文明の流れにあらがうものではないでしょうか。

建前を嫌った異端度ナンバーワンの一休《いっきゅう》

日本仏教史を通じて、異端度ナンバーワンの僧侶は誰かと問われたなら、私はためらいなく、一休宗純《そうじゅん》（一三九四―一四八一）の名を挙げます。「とんちの一休さん」という愉快なイメージでしか彼のことをとらえていなかった人にとっては、とうてい受け入れ難い事実かもしれませんが、彼ほど仏教界の常識を容赦なく破壊し尽くした異端児は、まずいないでしょう。私も彼と同じ臨済宗大徳寺《だいとくじ》の僧侶だったので、一休という風狂の大先輩に対して、半ば呆れ、半ば畏敬の念を抱いています。

では、彼はどのようにして常識の破壊をやってのけたのでしょうか。それは、ほかならぬ破戒の行為によってです。彼は臆面もなく、肉を喰らい、酒を飲み、男色に耽《ふけ》り、遊郭に出入りしていました。『一休咄《ばなし》』（編者不詳、寛文八年版）には、一休が魚を料理したり、盗みを働いた話も含まれています。さらに自分が属する臨済宗だけでなく、自分の兄弟子をも、執拗にかつ口汚く中傷誹謗《ひぼう》しました。

大乗仏教では、在家の人間が守るべき最少の戒律として、不殺生戒《ふせっしょうかい》、不偸盗戒《ふちゅうとうかい》、不邪淫戒《ふじゃいんかい》、不妄語戒《ふもうごかい》、不飲酒戒《ふおんじゅかい》などがありますが、出家であるにもかかわらず、一休はそのすべてを木端微塵《こっぱみじん》に破り尽くした大悪人です。

なのに、彼自身は「諸悪莫作《しょあくまくさ》、衆善奉行《しゅぜんぶぎょう》」という殊勝な言葉を好んで書き残しています。なぜ、自分の行為とまったく矛盾するような言葉を使ったのか、そのへんを明らかにすることが、世紀の異端児・一休の謎解きになるようです。

まず、彼の漢詩集の一つである『狂雲集《きょううんしゅう》』を読めば、思わず目を疑うような言葉が、目に飛び込んできます。

「美人の陰に水仙花の香りあり」
楚台《そだい》まさに望むべし　更にまさに攀《よ》ずべし
半夜玉床愁夢《ぎょくしょうしゅうむ》の顔
花は綻《ほころ》ぶ一茎《いっけい》梅樹の下
凌波《りょうは》の仙子《せんし》腰間をめぐる

楚台とは、ふくよかな女体、梅樹とは男根、凌波の仙子とは水仙のことと理解してもらえば、この詩がどれほどまでに卑猥《ひわい》なものか、お分かりになると思います。これは、彼が七七歳の時に、恋に落ちた盲目の旅芸人である森女《しんじょ》との淫欲生活を歌ったものです。森女とは、五〇歳の年齢差があったらしいのですが、彼は八八歳で亡くなるまで、京都の南にある酬恩庵《しゅうおんあん》で森女と濃厚な愛を交換しています。

僧侶のくせに、こんなとんでもない詩を詠む一休ですが、決して彼が退廃的な人間だったわけではありません。若い時から真剣に学問と修行に取り組み、二一歳の時には、修行の焦りから自殺を試みたほどです。最後に出会ったのは、泣く子も黙る華叟《かそう》という峻厳《しゅんげん》きわまりない師でした。

堅田《かただ》の禅興庵《ぜんきようあん》(現在の祥瑞寺《しょうずいじ》)にいた華叟のもとで、命がけの修行に打ち込んだおかげで、一休はついに禅の奥義を極めたのです。彼自身も、「俺こそが禅の法脈をしょって立つ男」というぐらいの強烈な自負心をもっていました。しかし、師の華叟が亡くなってからは、一休は堅田を離れ、本性をむき出しにした生き方を選んだのです。

当時、明船が出入りする国際都市だった堺の街を徘徊し、さまざまな階層の人と気さくに交わり、何にも囚《とら》われない風狂の世界に遊びました。僧侶としてはあるまじきことですが、若い娘をはらませて、その子を自分の弟子にしたりもしています。手先が器用だったらしく、いろんな小物を作っては、生活の糧としていたようです。

僧侶のくせに、ろくに髪を剃らず、歩く時は真っ赤な大太刀を腰に差していたと言います。中味は真剣ではなく、木刀だったらしいのですが、そういう姿を見せつけることによって、外見だけ派手で、中味のない人生を歩もうとしている人間を揶揄しようとしていたのです。一休の行動には、いつも演劇性があります。

正月には、誰にでも刻々と迫る死を自覚させるために、杖の先に人間の髑髏《しゃれこうべ》を突き刺して、「ご用心、ご用心」と言いながら、巷《ちまた》を歩き回っています。堺の人々も、そういう一休を奇異の思いで眺めていたと同時に、それを受け入れるだけの、度量を持っていたと思われます。

ともかく一休が毛嫌いしたのは、建前とか見栄です。彼は、とことん本音を生きようとしました。その結果、彼の生きざまは、僧侶にあるまじきものとなったのです。いや、僧侶だけでなく、ふつうの人間としても、彼の破天荒な生き方は、大いに問題があります。ふつうなら罪人扱いされていたかもしれません。

そんな反道徳的な振る舞いが、なぜ許されたのでしょうか。一つは、彼が皇族の血を引いていたことです。今も酬恩庵にある彼の墓は宮内庁が管理していますが、当時から人々は、彼を通常の人間と同じようには扱えなかったと思われます。一休は、かつてあれほどまでに悩んだ「血の呪縛」を逆手に取って、自由奔放《ほんぽう》な生活に甘んじたのです。

二つには、彼の生きていた室町時代そのものが、狂気の時代だったからです。応仁の乱が荒れ狂い、京都中の寺社仏閣や民家が戦乱の中で焼け落ち、死体が路上に充満するという光景が展開していたのです。いわゆる下剋上《げこくじょう》の時代であり、大名が将軍を、家臣が大名を、農民が名主を、僧兵が公家を襲い、人倫の規範が乱れきっていました。そういう社会的混乱があったからこそ、狂おしいほどの異端ぶりを発揮した一休の生きざまも受け入れられたのです。

最後の、そしていちばん重要な理由は、一休の破戒の行為には、堂々たる思想があったことです。それは、室町幕府のお抱え宗教となり果てていた禅宗界の虚構性を浮き彫りにし、みずからは徹頭徹尾、禅の本質を生き抜こうとしたことです。そこには一切の妥協がなく、触れれば火傷をするようなマグマが煮えたぎっていました。風狂の人・一休は、虚構の禅という毒を制するのに、より強烈な毒をもって制しようとしていたのです。それが破戒の行為です。

別な言い方をすれば、一休は強烈なエロスをもっていました。だからこそ、五〇歳も若い森女も、一休に魅かれたのです。彼は全身をエロスの炎で包み、その大火炎でロゴスの世界にはまりきっていた建前の禅を焼き尽くそうとしたのです。

　一休のエロスに魅かれたのは、女性だけではありません。彼のいる所には、いつも一〇〇人ぐらいの若い芸術家たちが、集まっていたと言われています。不良坊主を慕うのは、不良青年たちでした。しかし、彼らが一休の体から燃え上がるエロスの炎に触れて、みずからの内に潜在していた才能の花を大きく咲かせるようになったのです。

　中でも連歌師の飯尾宗祇《いいおそうぎ》や山崎宗鑑《やまざきそうかん》、水墨画家の兵部墨渓《ひょうぶぼっけい》や曾我蛇足《そがじゃそく》、能楽家の世阿《ぜあ》弥《み》や金春禅竹《こんぱるぜんちく》、茶道の村田珠光《むらたじゅこう》などは、新しい美の表現形式を創造し、後世、それが日本文化の中枢をなすようになりました。

　禅界の異端であり、世間の大悪人である一休は、破戒によって、常識を破壊し、新しい文化を作ったと言っても過言ではありません。盲目の美女を侍らせていただけでも、周囲の眼を引いたに違いありませんが、おそらく一休は、自分のまわりに集まった若者たちよりも、つねに若々しさを漂わせていたと思われます。


　青春とは人生の或る期間を言うのではなく、心の様相を言うのだ。

優れた想像力、逞《たくま》しき意志、炎ゆる情熱、怯懦《きようだ》を却《しりぞ》ける勇猛心、安易を振り捨てる冒険心、こう言う様相を青春と言うのだ。

年を重ねただけで人は老いない。理想を失う時に初めて老いが来る。

これは、アメリカの詩人サミュエル・ウルマン（一八四〇―一九三四）が歌いあげた「青春の詩」です。万年青年だった一休も、最期まで情熱を燃やし、理想を追い求めていました。今わの際で「死にともない」という言葉を残して去ったのも、そのためです。

魔界に飛び込んでこそ得られる本物の悟り

「仏界入り易く、魔界入り難し」

この言葉こそが、不可解な行動をとりつづけた異端・一休の謎を解き明かしています。彼にとっては、すべての常識は死んだ魚のようなものだったのです。臨済禅師は、禅の境涯を「活潑々地《かっぱつはっち》」と表現していますが、それは魚がピチピチと飛び跳ねる状態です。一休は、あえて非常識の世界に飛び込んで行き、「活潑々地」な生を生きようとしていたのです。

仏界の悟りは、伝統のマニュアルに従って、マジメに修行すれば、大半の人間に開けるナマ悟りです。しかし本物の悟りは、そこにはなく、魔界に飛び込まないと手に入れることができません。

「虎穴に入らずんば、虎子（虎児）を得ず」という禅語もありますが、ほんとうに貴重なものを獲得するためには、親子の虎が眠る洞窟に入っていって、子の虎をこっそり盗んでくるほどの、大きなリスクを冒さなくてはなりません。「魔界入り難し」というのは、そういうことなのです。

ただ、魔界に飛び込めば、命とりになる危険性があります。魔界に踏み込んだ人間は、社会的に抹殺されるか、精神を病むことになります。魔界は真っ赤な溶岩が、ドロドロと渦巻いているようなカオスの世界ですから、そこから生還してくるのは、容易ではありません。川端康成《かわばたやすなり》や三島由紀夫《みしまゆきお》など、世界的に名の知れた作家も、美の魔界に耽溺《たんでき》したがゆえに、みずから命を絶っています。

しかし幸運にも生還した者には、凡人には及びもつかない超人的な創造性が授けられます。心理学者のカール・ユングは、無意識に潜んでいる元型イメージをつかみ、それを表現できるようになると、まるで「一〇〇〇人の声」で話しているようなものだと言いましたが、魔界で超人となった一休だからこそ、彼の足元からさまざまな芸術が生まれてきたのです。

それにしても、若い頃は修行僧としてお手本になるぐらい、謹直だった一休を魔界に引きずり込んだのは、いったい何だったのでしょう。まずそれは、彼の複雑な生い立ちに起因するトラウマだったと思います。後小松《ごこまつ》天皇の側室だった彼の母は、他の女官の嫉妬を買ったのか、天皇暗殺の嫌疑をかけられたために、禁裏《きんり》を追われ、嵯峨《さが》野の民家で一休を産んでいます。

自分が天皇のご落胤《らくいん》であるという「血の呪縛」が、若き一休を苦しめつづけました。後小松は南北朝統一後、最初の天皇でしたが、母が南朝の血を引いていたために、一休は微妙な位置に置かれており、六歳になると仏門に入ることを強いられたのです。そこには、皇位継承権の剝奪という意味が含まれていました。

幼くして生母から引き離されたことも、人一倍感受性の鋭い一休には、大きな悲しみだったはずですが、彼の個人的なトラウマを、より深刻な抑圧感情に深化させてしまったのは、先述したように、当時の禅界の実情でした。一七歳の時、彼は「仏法を説く者たちが、おろかにも自分たちの出身門閥を自慢しあっている。禅問答なんかいくらやっても、修羅の延長、煩悩を深めるだけだ」といった内容の漢詩を詠んでいます。

京都と鎌倉にある臨済宗の各本山は、五山十刹《ござんじっさつ》という足利幕府が設定したランク付けに加わるために、幕府に高額の志納金を納めるなどして、政治的な裏工作に奔走していました。僧侶たちは社交サロンで注目されるために、本来の禅修行はそっちのけで、漢詩の技法を競ったりしていました。禅堂修行そのものも形骸化し、裕福な門閥出身の人間が優遇されるような状態が続いていました。

本質的には、きわめて潔癖な性格の持ち主だった一休には、そのような偽善に耐えることができなかったのです。虚構の禅に対する彼の抑えがたい怒りが、彼の幼少期からの抑圧感情と相まって、華叟亡き後の破戒の行為として、大爆発したのです。

拙著『〈狂い〉と信仰』（ＰＨＰ新書）でも論じたように、禅のみならず、すべての宗教の核心には、理性や知性をはるかに超えた生命の根本感情があります。それを私は〈狂い〉と呼んでいます。〈狂い〉を内奥に秘めていない信仰は、理念であり、道徳であり、厳密な意味で宗教ではありません。

かといって、その〈狂い〉をむき出しにしている信仰は、危険きわまりないものであり、一線を越えれば、すぐに反社会的なカルトになってしまいます。しかし、一休は、「仏界入り易く、魔界入り難し」と言い切り、〈狂い〉の世界に積極的に飛び込んでいったのです。

先に触れた「諸悪莫作、衆善奉行」という言葉も、実際にその墨蹟を見ると、恐ろしいほどの激しい筆致で書かれていますが、まさに魔界からの叫び声です。彼にとって、常識的な判断力を加えずに、一心不乱に打ち込むことが「善」であり、いろいろと計算をした上で取る巧妙な行動が「悪」だったのです。

どんな善行でも、一瞬、計らいの心が入っただけで、悪事となるわけですから、「諸悪莫作、衆善奉行」を実行することが、どれほど難しいことか、想像できるはずです。仏界で澄ましこんだ禅の化けの皮をはがすために、一休は体を張って、魔界に生きつづけたのです。そして、その魔界に生き、魔界に死んだ男を陰から支えつづけたのが、森女という社会的に弱い立場に置かれた盲目の女性だったことも、忘れてはなりません。

最高の経営者だった蓮如《れんにょ》

宗教の恐ろしいところは、地中の奥深くに眠っている得体の知れない怪物を、時々、歴史の表面に浮かび上がらせることです。一休もそういう怪物の一人でしたが、彼の友人でもあった蓮如上人（一四一五―一四九九）も、正真正銘の怪物でした。

浄土真宗は、いまや日本仏教最大の教団となっていますが、そんなことが可能になったのは、ひとえに蓮如の功績です。彼が登場し、親鸞の教えを分かりやすく説き明かすことがなければ、浄土真宗の信者たちも、「正信偈《しょうしんげ》」や「和讃《わさん》」を読むことを日課とし、現在、京都に見るような巨大な本願寺を建てるほどの連帯感ももちえなかったでしょう。

何はさておき、まず驚かされるのは、彼の宗教家としての業績というより、彼が八五歳まで生き、二七人の子供をもうけていることです。なんと一七人目の子供は、彼が八四歳の時に生まれています。

なぜか彼が娶った妻たちが次々と亡くなり、彼が亡くなる時は五人目の妻が看取っていますが、彼の宗教家としての不世出の活躍は、その旺盛なエロスの力に支えられていたに違いありません。一休と意気投合したというのも、ケタ外れのエロスを剝き出しにして生きる怪僧として、二人は共感するところがあったと思われます。

二人の間に、面白いエピソードがあります。一休が蓮如の居宅を訪ねて行ったところ、たまたま留守だったので、仏間にあった阿弥陀仏を枕にして昼寝をすることにしたのです。一休が眠りこけているうちに、蓮如が戻ってきて、「おい、オレの商売道具に何をする！」と、叩き起こしました。思わず顔を見合わせた二人は、大笑いして済ませたと言います。おそらく史実ではなさそうですが、二人の性格をうまく捉えている話です。

異端の運命を生き切るためには、強い意志力に合わせて、何よりも体力が必要だと思います。素晴らしい理念をもっているにもかかわらず、健康に恵まれず、思い半ばで世を去っていく人も少なくないと思います。そういう意味で、私たちがまず蓮如という怪物的逸材から学ぶべきは、たくましい生命力ではないでしょうか。

蓮如もまた、不遇の人でした。父親は、親鸞直系の僧侶・存如《ぞんにょ》と言われていますが、母は本願寺で働く給仕の女性だったようです。その母は、被差別部落の出身者だったという説もあるぐらいですから、よほど弱い立場に置かれていたのではないでしょうか。現に、存如が本妻を娶ることになった時、彼女は本願寺を追い出され、行方知れずになっています。

蓮如が生母と引き裂かれた時は、まだ六歳でしたから、幼い魂に傷がつかないはずがありません。歴史に名を残すような宗教家の求道心の核心には、つねに強烈なトラウマがあるものです。生母が周囲から差別を受けるような不遇の立場に置かれていたという生い立ちも、一休とよく似ています。

母が去った後も、父に仕えて、寺の仕事を手伝ったようですが、当時の本願寺は落ちぶれて、参拝客の足が途絶えていたために、生活も困窮していました。彼が四三歳の時、父親が亡くなり、本願寺の八代目の住職となりますが、その時、正妻が産んだ子と、一族郎党を巻き込んだ一大闘争があったようです。

そもそも仏教の原点からすれば、僧侶が世襲するということ自体、大いに疑問があることですが、ましてや僧侶の子息同士で、住職の地位を争うというのは、徹底的に世俗化した日本仏教ならではのことでしょう。

蓮如は、そういう人間だったのです。僧侶の妾腹《しょうふく》から生まれ、俗よりも俗な僧侶の権力闘争の渦中に身を置き、その修羅場から逃れず、たくましく生き抜いたのです。人の世は、美談では済まされません。我欲と我欲が絡み合って、修羅場を演じます。その苦しみを生ききるのが、人間の修行です。

現代日本には、うつ病が蔓延しています。自殺者も、年間三万人以上という記録を更新しつづけています。悲しいことです。うつ病になる人も、自殺をする人も、日常の生活態度はいざ知らず、根はきわめて真面目な性格をしているがゆえに、修羅場の醜さ、えげつなさには、耐えきれないのではないでしょうか。

しかし、私は「蓮如を見よ」と言いたいのです。彼は、破れかぶれの人生を生き抜いています。醜い権力闘争のあげく、本願寺の住職になったものの、彼は延暦寺から正式に「仏敵」とみなされ、押しかけた僧兵によって寺を繰り返し破壊されています。

現代ふうに言えば、せっかく苦労して零細企業の社長の座に就いたのに、業界を牛耳《ぎゅうじ》る大企業の都合で、財政的に潰されるようなものです。だけど、彼はメゲなかったのです。京都にいられなくなると、近江地方を転々とし、ついには北陸に本拠地を移しました。

その頃から、カリスマ性を増した蓮如は、農民たちの精神的支柱となり、一気に教団組織を広げます。その後も、彼は拠点を京都山科《やましな》や大坂石山《いしやま》に移していきますが、彼が建てた寺の周囲には、寺内町《じないまち》ができ、つねに栄えました。よほど事業家としての才があったのでしょう。

しかも、自分が次々と新妻に産ませた子供を、親鸞直系の血統として、全国の有力寺院の跡取りにしたり、嫁にしたりして、本願寺勢力を広げつづけました。これは、戦国大名が正妻、側室を問わず、産ませた子供を敵対する大名に送り込み、血縁関係を築いたのと同じ戦略です。その戦略を宗教界に持ち込んだ蓮如は、タダ者ではありません。

彼が直接、指揮したわけではありませんが、彼の教えを信奉する念仏信者たちは、熱狂的な団結力を形成し、たびたび一向一揆を起こして、封建領主たちを脅かしています。実際に、加賀の富樫政親《とがしまさちか》は、信徒たちに牙城を包囲され、自刃に追い込まれています。のちに、信長が一向宗徒に強い警戒心を抱くようになったのは、この時の出来事が原因しています。

それにしても蓮如と一休は、浄土真宗と臨済宗という異なった宗派に属していたのに、なぜ意気投合したのでしょうか。まず二人とも僧侶の身でありながら、女性とのかかわりが深かったという共通点があります。その一方で、それぞれの教義を深く理解し、勝《すぐ》れた思想家の一面ももっていました。

何よりも二人が似ているのは、既成の路線を歩もうとはしなかったことです。人が右を行けば、左を行くような反骨精神がありました。そこが、異端としての大事なポイントです。できあがったものに満足しているようでは、異端たり得ないのです。

二十一世紀に生きる私たちも、既存の常識を破る勇気を求められています。一休と蓮如という「不良坊主」たちは、そういう意味で、とかく安全地帯に身を潜めようとする私たちのために、最高のお手本となってくれたのではないでしょうか。

日本仏教の再発見

本章では日本仏教史上に、大きな足跡を残した一二人の異端について語りました。それらの異端たちが、みずからの命を賭して、その時代における非常識である新たな思想を次々と紡《つむ》ぎ出してくれていなければ、今日の日本仏教は存在しなかったのです。

異端に求められるのは、勇気です。自分の思想を語り、それを行動に移すことによって、どんな仕打ちを受けることになるか分からない、その不安を押しのけて、自分の信じるところを果敢に語りはじめたのです。

本章では、蓮如上人までしか語っていませんが、その後も、それぞれの宗派に異端的な人物が出なかったわけではありません。しかし、歴史の流れを変えるほどの影響力をもっていたのは、蓮如あたりまでと思われます。異端を出すには、日本仏教の体力が落ち過ぎているのかもしれません。

南宋の臨済禅師は、「ホトケに逢えば、ホトケを殺せ。祖に逢えば、祖を殺せ」と過激なことを言い残しましたが、それは今も真理です。宗祖の超克、つまり古人の考えを鵜呑《うの》みにするのではなく、それを進化させてこそ、後継者たり得るのではないでしょうか。これからも、先人の頭を踏みつけてでも、新しい仏教の形を大胆に編み出す異端が登場してくることを期待したいものです。

私も禅寺の土塀に囲まれて、まるごと青春時代を過ごした人間ですが、すでにそこから離れて三〇年近くの歳月が経っていますから、今や仏教教団のアウトサイダーです。ですがアウトサイダーとなったために、かえってどの宗派にも囚われず、仏教を俯瞰《ふかん》的に見ることができるようになりました。おまけに長年、海外で過ごしたおかげで、日本以外の国々の宗教とも比較をしながら、日本仏教の位置づけができるようにもなりました。

だからこそ、私は日本仏教を高く買っています。そこには、恐ろしいほどの異端力が蓄えられています。一神教的世界では、異端はつねにマイノリティーでしかありませんが、日本仏教においては、異端が歴史を塗り替え、やがて主流となってきました。これは、凄いことだと思います。

とくに日本仏教には、聖と俗、仏と人を融合させ、そこから新しい価値観を生み出す文化的発酵力があります。親鸞の言葉でいえば、非僧非俗の世界ですが、その曖昧さこそが次世代の宗教、ひいては文明そのものの潮流になると思います。宗教と科学、自然と人間、善と悪、男と女の間に横たわる相関性を引き裂き、一面的な合理主義で構築された近代文明は、恐ろしいほどの環境破壊と経済格差をもたらしました。そろそろ「歴史の意志力」は、文明のパラダイム・シフトを求めてくるはずですが、そういう時に日本仏教がもつ発酵力と、許容力としての曖昧さが改めて大きく注目されると思います。

拙著『ニッポンの底力』（講談社＋α新書）でも論じたことですが、日本人は、この国の「文化の祖型」がどういうものであるかをしっかりと理解し、それに沿ったライフ・スタイルを形成していけば、もっと楽な生き方ができるだけでなく、そうすることによって、真の意味で国際貢献もできるのです。

今のように表面的な幸福ばかりを追い求め、縄文時代から脈々と伝承されてきた精神文化をないがしろにしたまま、アメリカ的価値観に基づいたコピペ（コピーアンドペースト）文化を追求していけば、日本はますます薄っぺらな国になり、衰退の一途をたどらざるを得ません。

一人でも多くの日本人が、この国に伝わる精神遺産の素晴らしさに気づき、新しい歴史のページをめくるために、それぞれの立場で希望に満ちた異端となってほしいものです。

そして、日本という国そのものが、新しい人類史のページをめくり得る、堂々たる世界の異端であってほしいと願っています。

第三章

異端は人間社会の宝物

中世キリスト教の異端審問と魔女狩り

異端の歴史は、迫害の歴史でもあります。何しろその時代と地域において、常識とされている価値観とは、相容《い》れることのない考えを表明し、それを行動に移すのが異端ですから、既存勢力から抵抗を受けるのは、当然のことです。

とくに宗教界においては、内部の人間の中から異分子を見つけ出し、排斥しようという動きがあります。教団というのは、特定の教えを金科玉条として、それを中心に強い結束力を維持しようとする性格があるので、その結束力を脅かすような存在に対しては、外部の異教徒に対するよりも、厳しい断罪を下したりするのです。

浄土真宗でも、親鸞や蓮如の教えに反する考えは「異安心《いあんじん》」と呼ばれ、そういう傾向のある人から、僧籍を剝奪《はくだつ》するという歴史がありました。それは、宗祖の親鸞自身が、自分の息子である善鸞《ぜんらん》が関東で間違った教えを説いているとして、義絶したことに起因しているようです。私自身は宗教をどう理解するかについては、まったく個人の自由だと思っていますので、他者の信仰の在り方を「異安心」と決めつけることは、ナンセンスに思えてなりません。

しかし、キリスト教の歴史を見れば、異分子排除の伝統が、浄土真宗の「異安心」どころではなかったことが分かります。十二世紀頃から、ヨーロッパ各地のカトリック教会で、異端審問ということが始まりました。カトリック教会の安定と、それを公認宗教としている封建領主の支配体制を脅かす可能性があるものは、異端と判定されました。異端審問所という役所で、いったん異端と断定されると、火あぶりやギロチンにかかったわけですから、生易しいものではなかったのです。

その異端審問から出てきたのが、魔女狩りです。中世のヨーロッパ各地で、霊的な能力をもった女性を魔女とみなし、十五世紀頃から十八世紀の間に四万人ぐらいの女性が処刑されたのではないかとされています。

どうやら『旧約聖書』に、「女呪術師を生かしておいてはならない」（「出エジプト記」二二・一八）という言葉があることが、その原因のようですが、日本など多神教的文化圏では、恐山《おそれざん》のイタコや沖縄のユタなど、シャーマニズムの中心的役割を担ってきた人たちは、大半が女性です。中には、伊勢神宮の斎宮のように、男性の宮司よりも、高い地位が与えられてきたことを思えば、東西の宗教に大きな隔たりを感じます。

じつは女性だけでなく、魔女の影響を受けているのではないかと疑われた男性も、魔女狩りの対象となっています。人間だけでなく、魔女に憑依されていると思われる動物も、民衆法廷に引き出され、断罪されたというのですから、一種の集団ヒステリーの傾向があったと思われます。

もっとひどいのは、霊的なこととはまったく関係なく、近所の女性が少しばかり変わったことをしただけで魔女として密告され、弁明の余地なく裁かれた人たちもいたことです。とくにその対象となったのが、無学で貧しい女性が多かったということですから、これは宗教に名を借りた弱い者イジメです。

しかも、嫌疑をかけられた女性は、聞くも恐ろしいような拷問にかけられ、その苦しみから魔女であることを認めると、すぐに処刑されたというのですから、まったく理不尽で、暴力的な社会制裁が続いたのです。

教会や寺院が宗教的権威を振り回し、一般市民を一方的に裁けなくなっただけ、現代はいい時代になったと言えますが、やはり歴史は繰り返します。

カンボジアのポル・ポト時代にも、同じことが起き、おおよそ二〇〇万人が収容所で殺されました。中国の文化大革命ともなれば、毛沢東《もうたくとう》思想に反する思想をもっていると疑われた人間が、次々と社会から追放され、若い紅衛兵たちの手によって、おおよそ一〇〇〇万人が殺されたとされています。

ナチスによるホロコーストも、ユダヤ人を対象とした魔女狩りでした。魔女狩りの中でも、もっとも悪質なものは、独裁者がそれを政治的な道具にした時です。ホロコーストでは、六〇〇万人のユダヤ人が、人間的な尊厳を無視され、あたかも虫けらのように殺されていきました。いつの時代にも人間社会には、このような愚かで恐ろしい面があるのです。

独裁者が、何かに取り憑かれたように魔女狩りに血道をあげるには、それなりの理由があります。たいていの場合、それは国家の大義名分のもとに行なわれるのですが、ほんとうの理由は、ごく個人的なものです。それは、独裁者のコンプレックス、つまり劣等感です。

アドルフ・ヒトラー（一八八九―一九四五）も、農業事業に失敗し、鬱々《うつうつ》としていた父親から、幼い時に繰り返し折檻を受けています。アドルフの成長後も、父親は無理やり息子を自分と同じ税関事務官にしようとしたため、両者の関係がいよいよ険悪なものとなりました。アドルフがドイツ民族主義に走ったのも、それを嫌っていた父親に反発するためだったのです。

その後、絵画に関心をもち、ウィーン美術アカデミーに入ろうとしますが、不合格を重ねます。美術の道にも挫折した彼は、浮浪者収容所に入るぐらい、生活に困窮していた時期もあります。そういう孤独感と屈辱感が重なって、いつの日か政治的な野望を抱くようになったわけです。

屈折した個人的感情が、本人の自覚がないままに、強圧的な政治思想にすり替えられることは、独裁者に共通して見られる現象です。そして、そういう人物が権力を手に入れた暁《あかつき》には、自分の深層心理にある抑圧感情を爆発させて、弱者を対象に魔女狩りを始めてしまうことになります。

現代でもインドやアフリカの一部では、妖術が社会的な存在感をもって行なわれており、そういう風習の中で、特定の女性が魔女扱いされ、集団リンチにかけられたりしています。二十一世紀になっても、近代文明の合理精神がまったく届かない世界もあるのです。

　アブドラ国王が宗教間の対話を熱心に呼びかけているサウジアラビアでも、イスラム宗教省の魔法部という公的機関が存在しており、合法的に魔女狩りが行なわれています。魔女として逮捕起訴され、宗教裁判で有罪とされれば、死刑もあると聞いています。絶対神を仰ぐイスラム世界では、誰かがシャーマンとして、神の言葉を語っただけで、アラーへの冒瀆《ぼうとく》とみなされ、極刑となるのです。

神さまに近づきすぎた異端たち

　どうやら宗教界で個性豊かな人物が、異端として弾圧されるに至るには、一つの法則があることに気づきます。それは、魔女であれ、シャーマンであれ、神さまに近づきすぎると異端扱いされるということです。

　中世ヨーロッパのキリスト教にも、深い宗教体験をもつ神秘主義者たちが出現しましたが、たいていは異端として、断罪されています。神秘主義者とは、聖書の文言に寄りかからず、自分自身の深い瞑想や祈りを通じて、神と一体となろうとした人たちのことです。

異端であるがゆえに共感を呼んだ聖フランチェスコ

アッシジの聖フランチェスコ（一一八二―一二二六）は、日本人の間でもよく知られ、とても人気のある人物です。どうやら彼の創作ではなさそうですが、『聖フランシスコの平和の祈り』と題される詩は、とくに有名です。

主よ、わたしを平和の道具とさせてください。
わたしに　もたらさせてください……
憎しみのあるところに愛を、
罪のあるところに赦《ゆる》しを、
争いのあるところに一致を、
誤りのあるところに真理を、
疑いのあるところに信仰を、
絶望のあるところに希望を、
闇のあるところに光を、

悲しみのあるところには喜びを。
ああ、主よ、わたしに求めさせてください……
慰められるよりも慰めることを、
理解されるよりも理解することを、
愛されるよりも愛することを。
人は自分を捨ててこそ、それを受け、
自分を忘れてこそ、自分を見いだし、
赦してこそ、赦され、
死んでこそ、永遠の命に復活するからです。

こんな美しいキリスト教精神を生きようとしていた聖フランチェスコも、じつは当初、危険な異端とみなされていたのです。富裕な織物商人の子として生まれ、青春時代は放蕩《ほうとう》三昧《ざんまい》だった人間が、いきなり修道士になり、神に絶対服従の生活を始めたところも、十分に異端的ですが、彼が危険人物視されたのは、そのためではありません。

彼が正真正銘の異端だった証拠は、いくつかありますが、まずフランチェスコは無所有の精神に基づく清貧の生活こそ、神の御旨にかなうものと主張しました。彼は、聖書のマタイ伝にある「空の鳥を見よ。蒔《ま》きも刈りも、倉に収めもしないのに、あなたたちの天の父はそれを養ってくださる……だから何を食べ、何を飲み、何を着ようかと心配するな」を好んで口にしたのですが、それを精神論にとどめているならいざ知らず、みずから実践したわけですから、あの手この手で信者から喜捨を集めようとしていたバチカンの反感を買わないはずはありません。

当時のカトリック教会は、莫大な資産をかかえ、確固たる権力構造を築き上げていたので、そういう体制を否定するような考え方を説く人間が、組織内部にいることは、とんでもないことだったのです。

二番目に、彼の汎神論的な思想も、問題視されました。彼の有名な「太陽の歌」では、太陽・月・風・水・火・空気・大地を「兄弟姉妹」、そして死をも「姉妹なる死」として歌い上げています。しかも当時、教会で使われていたラテン語ではなく、イタリアの俗語で詩を書いたことも、彼が冒険的精神の持ち主であったことを示しています。

小鳥へ向かって説教したという伝説も有名で、いくつもの絵画に描かれていますが、フランチェスコが亡くなった時も、日頃から彼が愛した雲雀《ひばり》がどこからか飛来し、高らかに囀《さえず》ったと言われているほどです。そういうことから、現代世界において稀《まれ》に見る人気を博したヨハネ・パウロ二世（一九二〇—二〇〇五）も、フランチェスコのことを「自然環境の保護の聖人」として称賛しました。

多神教文化圏に暮らす日本人にとっては、彼の自然との一体感は、大いに共感するところです。ところが、そういうアニミズム的な感覚は、唯一絶対神を仰ぐ一神教的世界観とは、相容れるものではなく、十分に異端的だったのです。

三番目に、フランチェスコ自身が異端となることを案じたのか、ひた隠しにしていたことがあります。それは、一二二四年九月十四日、ラ・ヴェルナ山上で四〇日間の断食中に、フランチェスコが受けた聖痕（スティグマ）のことです。聖痕とは、祈りの最中に、受難のキリストが釘を打たれた左右の手足と、槍によって刺された脇腹の五カ所に現われる傷のことです。たいていの場合、血も流れ出すようです。記録されている聖痕としては、フランチェスコのそれがキリスト教史の中で最初のものです。

弟子たちは、彼の手足に傷があることに気づいていたようですが、脇腹の傷は、彼が亡くなった時、やっと発見されたほどです。今でこそ九月十四日が聖痕の日として祝日になっていますが、過去には聖痕を告白して異端とみなされた修道士や修道女もいます。とくに修道女の場合、聖痕を受ける時、キリストとの一体感の中で、性的な恍惚《こうこつ》に似た快感を覚えたと伝えられていますから、聖痕が邪悪なことと受け止められた理由の一つだったのでしょう。

フランチェスコが異端扱いされたのは、それだけではないのです。彼は、カトリック教会では許されないタブーをもう一つ犯しています。それは、今ではクリスマス時期の教会なら、どこにでもあるので当たり前に思っているキリスト生誕の光景です。クリスマス・クリッぺと呼ばれるものですが、ロバとか飼い葉桶とかが置かれている小屋で、イエスが生まれた瞬間を人形で復元したものです。

フランチェスコは、それを祭壇とみなし、その前で儀礼を行なったのですが、それが問題となったのです。なぜなら、そういう行為は姿なき神しか崇《あが》めてはならない一神教の原則論から言えば、偶像崇拝に当たるからです。ナンデモアリのわが日本の宗教と比べれば、厳しいものですが、現実的には、ほとんど文字も読めない民衆がイエスの生涯を理解するためには非常に効果があったので、結局は、教会が認めることになったのです。

　このように異端である条件はいくつも満たしていたにもかかわらず、フランチェスコが弾劾されることがなかったのは、彼が民衆への絶大なる影響力をもち、それがキリスト教の布教に役立つものとして、バチカンから判断されたからです。しかしながら、彼が亡くなった後、その教えを厳密に守ろうとした弟子たちの何人かは処刑されています。

　一二〇六年、フランチェスコがサン・ダミアーノ教会の十字架から「早く行って、私の壊れかけた家を建て直しなさい」という声を聞き、教会の修復活動から始まった「小さき兄弟の修道会」は、その後、大きく発展し、カトリックの歴史で重要な役割を果たすことになりました。現在では、三つの会派に分かれているフランシスコ会は、日本を含めて世界各国に広がっていますが、そういうことも彼の異端的な要素が、多くの共感者を呼んだからではないでしょうか。

　ドイツのマイスター・エックハルト（一二六〇頃―一三二八頃）なども、神学者として高い地位についていたにもかかわらず、個人体験に基づいた深淵な思想を語ったために、異端として裁かれ、彼の著作のすべてが焚書《ふんしょ》となりました。残念なことです。審問を受ける前に、彼が教皇庁に提出した「弁明書」が唯一、彼の思想を知る手がかりというのは、皮肉な話です。

エックハルトは、禅の老師ではないかと思うほど、禅的な表現をする人です。まず彼は、神は「無」である以上、神自体では存在できず、人間などの被造物の中に入ってきてこそ、存在できると考えていました。これは哲学者の西田幾多郎《にしだきたろう》が、「絶対者の自己否定」という言葉で表現しようとしたことと同じです。

そういう神を受け入れるためには、人間も知性や理性を捨てて、「無」にならなくてはならないとします。そして、自分が「無」になれば、神が惜しみなく自分の中に入ってきて、自分が神の子となり得ます。反対に、いくらマジメくさって修行したり、いくら賢く聖典を読んでも、自我を捨てないかぎりムダだということになります。

このへんに、教会側としては問題発言があります。まず、神と人間は絶対に断絶しているのに、「誰もが神の子になり得るとは、なにごとか」ということになります。それは、神と人間の仲介者としての教会や僧侶の役割を否定することになります。

おまけに、みんな修道院で必死に聖書を読み、祈りを捧げているのに、そんなことはムダだと言われたようなものですから、いかに大学者といえども、エックハルトを許せなかったのです。

私は、神秘主義者には、あやまった方向に走り出した宗教を原点に引き戻す役割が与えられていると思っています。宗教は、理屈でもなければ、ビジネスでもありません。自分が無となって、神と向き合うところに、宗教が生まれます。

もう一人、ドイツの神秘主義者を紹介しておきましょう。ヤコブ・ベーメ（一五七五—一六二四）という人です。この人は、エックハルトと異なって、無学な靴職人でした。ドイツの農家に生まれたのですが、あまりにも病弱だったので、とうてい羊飼いにはできないと思った親は、彼が一二歳になった時、靴職人に奉公させます。

おそらく靴をコツコツと修理するうちに、深い瞑想状態に入ることがあったと思われます。二五歳の時に、何気なく銀皿を眺めているうちに、突如、神のビジョンが見えてきて、神との一体感に浸ったと言います。じっと見入るほど、美しい銀皿だったのでしょう。

その後、肉屋の娘と結婚し、靴屋の親方として、地味な生活を送っていたのですが、彼がひっそりと書き留めていたものが、だんだんと全ヨーロッパに知られるようになったのでした。

このへんのいきさつは、日本で有名な妙好人《みょうこうにん》の浅原才市《あさはらさいち》とそっくりです。彼は島根県の漁村で下駄職人をしていたのですが、明けても暮れても「ナムアミダブツ」と称えているうちに、阿弥陀如来と一体の境地になり、下駄を削ったカンナ屑に自分の思いを書き留めていたところ、そのあまりにも深い言葉に人々が心打たれ、世に広く知られるようになったのです。

ベーメの場合、彼の神秘体験が綴られた『黎明』が出版されることになり、それを知った教会が彼を異端と断定し、一切の発言を禁じました。しかし、信者が増える一方だったので、教会からの弾圧が強まり、故郷を離れたりしますが、結局、五〇歳にもならずに、病死しています。死後も、彼の思想を信奉する人が後を絶たず、現代の哲学界でも高く評価されています。

東西を問わず、宗教というのは、歴史を経るとともに、教団の組織運営のために、どうでもよいことばかりに手を伸ばす習性があります。日本の寺院でも「普請《ふしん》坊主」といって、やたらと檀信徒から寄付を募り、寺の建築工事ばかりして、何かを成し遂げた気になっている僧侶が、溢れるほどいます。悲しい話です。

そういう時に、神秘主義者は、教団の都合とは関係なく、ごく個人的に体験したことを正直に語りはじめるのです。宗教の本質を突く彼らの発言は貴重なのですが、その存在を抹殺しようとするところに、教団組織の恐ろしさがあります。

宗教とは別に、一般の社会制度が複雑化し、本来の目的とはかけ離れて、人間を不幸にするようになってくると、それに異議を申し立てる人物が、異端となって登場してきます。そういう彼らを弾圧することは、社会を進化させるのではなく、退行させることになるので、反社会的な行動で危害をもたらさないかぎり、私たちは異端に対して、できるだけ寛容であるべきというのが、私の考えです。

日本でも起きた魔女狩り

じつは魔女狩りというのは、中世ヨーロッパだけの悪夢ではありません。日本でも、類似したようなことが繰り返し起きました。いちばん過酷だったのは、キリシタンへの弾圧でした。

ヨーロッパからやってきた宣教師には、列強の植民地政策の先遣部隊という役割もありましたから、秀吉や家康《いえやす》が警戒したことにも、一理あります。そして、一向一揆の例もあるように、同じ信仰を共有する者同士というのは、強烈な連帯感をもつ傾向があるので、階級社会の秩序を乱す恐れがあるキリスト教の広がりを封建領主たちが恐れたのも納得できます。

しかし、あそこで残虐なキリシタン弾圧が必要だったかといえば、大いに疑問とするところです。弾圧する側にも、一種の集団ヒステリーがあったように思われます。まったくの空想ですが、もう少しキリスト教を穏やかな形で受け入れておけば、かつて神道と仏教が融合し、神仏習合という一つの文化が生まれたように、日本仏教の性格も変わっていたかもしれません。

そして、幕末あたりから次々と出現してきた新宗教に対しても、魔女狩り的な動きがありました。たとえば、天理教の中山《なかやま》みき（一七九八—一八八七）の場合も、そうです。豪農に嫁いだみきでしたが、家族全員が原因不明の病気にかかった時、祈禱師を招き、お祓《はら》いをしてもらいました。たまたま当てにしていた霊媒の都合が悪くなったため、彼女自身が代役をつとめ、神がかりになったところ、「お前が神の社《やしろ》になれ」という神託を受けました。その瞬間から、彼女の生き方が根本から変わったのです。

貧しい人たちのために、どんどん財を与え、裕福だった中山家が没落していき、極貧生活を味わうようになりました。しかも、農家の主婦だった女性が、いきなり万物の創造主である「親神様」の代わりに、「天の理」を説きはじめたわけですから、世間的には「気ちがい」呼ばわりされることになっても無理からぬ話です。おまけに、国家神道の系譜にない邪神を崇める宗教として、明治政府からも危険視され、彼女は警察にもたびたび連行されました。

それでも彼女の言葉を信じ、多くの人々が集まってくるようになるまで、一五年かかったそうですから、時に異端的な人物がどれほど厳しい現実にさらされるか、推して知るべしです。その後、天理教という神道系では最大の新宗教となり、現在、天理市に見るような荘厳な建物が、「ひのきしん」と呼ばれる信者たちの奉仕によって、建てられるようになったわけですから、やはり異端力には、すごい潜在能力があるのです。

天理教から五五年遅れて登場してきた新興宗教である大本《おおもと》も、政府による容赦のない弾圧を受けています。天皇制を脅かす教義があるというのが理由だったようですが、決してそんな事実はなく、その教義に含まれていた「立て替え・立て直し」という考え方が革命思想であると誤解を招いたのです。指導者の一人だった出口王仁三郎《でぐちおにさぶろう》は、深い芸術性と思想性を備えた破格の人物だったため、大本の信者でなくとも、彼に人間的な魅力を感じている人は、現在でも少なくありません。

その後、国家権力による目立った宗教弾圧はありませんが、魔女狩りというのは、つねに手を替え、品を替え、歴史に登場してくるものです。東日本大震災による福島第一原発が、壊滅的事故を起こす以前には、原発反対の意見をもつ人々を社会的に抹殺しようとした動きもありました。たとえば、原発推進派だった東大閥の学者とは距離を置き、原発技術の未熟さを指摘した京大の一部の研究者たちは、学者として昇進の機会を奪われました。

福島県の佐藤栄佐久《さとうえいさく》・前知事は、福島原発の安全管理体制に問題があることを気づいて以来、原発がもつ危険性を説きつづけたためか、スキャンダルに巻き込まれ、政治的に失脚しています。当時の小泉《こいずみ》首相が推進しようとしていた郵政民営化やプルサーマル計画にも反対の立場にあったことも、影響しているのかもしれません。私たち一般市民は、よほど見識を高くもち、巧妙にカモフラージュされた魔女狩りが、今も社会のどこかで行なわれていないか、注意深く目を光らせていく必要があります。

現代の魔女狩りの主犯はメディア

前節で述べたように人類の歴史は、飽きもせず悲惨な魔女狩りを繰り返してきました。そのような過ちを防止するため、社会の木鐸《ぼくたく》となるべきメディアに大きな使命が与えられています。ところが現実には、メディアこそが魔女狩りに、もっとも熱心であるという事実があります。

なぜなら、視聴率や購読数の増加を至上主義とするメディアにとって、群集心理を煽《あお》ることが、結果を出す近道だからです。長い目で見て、ほんとうに国家や人類社会にとって良いことは、往々にして、民衆の意向に反するものです。

その民衆を納得させるだけの、高い見識と客観的な現状分析を省略して、民衆の感情に迎合することだけを考えると、小悪を大悪のように誇張して、あたかも正義の味方のように、特定の人物や組織を糾弾したり、弱い者イジメをしたりすることに躍起《やっき》になります。そこに、目に見えない形で外国政府の政治的介入もあったりしますから、メディアの実情は、一般市民の理解から遠く離れて、ますます奇々怪々としたものになります。

メディアに何らかの偏向があることは、日本にかぎらず、世界各国に共通した現象です。西側のメディアは、アメリカ目線の報道が目立ちます。イスラム教国に関する報道などは、とくに偏りがあるように思います。また反対に、イスラム教国における欧米に関する報道も、決して中立的ではありません。

また、社会主義国ともなれば、政府の強い統制がありますから、報道される内容は、きわめて偏ったものとなります。半ば鎖国状態の北朝鮮などでは、官制報道で国民が危険な洗脳を受けている可能性があります。

しかし、日本は言論の自由が保障されている民主国家ですが、社会的に中立な立場で、十分な調査をした上で報道するならまだしも、ほとんど扇情的《せんじょうてき》に異端叩きをしているとしか思えない情報で、新聞もテレビも溢れ返っています。

メディアによる偏向報道のもっとも端的な例は、一九九四年に起きた松本サリン事件です。被害者であり、第一通報者である河野義行《こうのよしゆき》さんが、警察に真っ先に疑われ、家宅捜索まで受けました。警察のずさんな捜査と強圧的な取り調べによる間違った情報を、マスコミは鬼の首でも取ったかのように一斉に報道し、当時、意識を失ったままの妻を必死で介護しておられた河野さんを犯人扱いしました。全国的な誹謗中傷にさらされたご本人とご家族は、どんなお気持ちで長い歳月を過ごされたのでしょうか。

少しでも科学的なジャーナリズムの精神があれば、とてもできないことです。欧米では、検察や警察以上に、緻密《ちみつ》な調査報道をするジャーナリストがおり、結果的に司法を動かすことすらあります。そう思えば、ジャーナリズムが十分に育っていない日本では、よけいにメディアによる魔女狩りが起こりやすいように思えます。

かつてハンセン病の人たちは、隔離政策により、悲惨な人生を送る羽目になりました。ハンセン病はきわめて感染性の低い病気であり、早くからアメリカで特効薬も開発されていたにもかかわらず、一部の医師と厚生省の役人が既得権益を守るために、その情報を伏せて、ひたすら隔離政策に走ったのです。

ああいう時も、社会の木鐸としてのメディアがその本来の使命を果たしておれば、患者とその家族の幾万人という人々が、地獄の苦しみを味わわずに済んだのです。メディアがそのことについて自己反省を加えたとは聞いたことがありませんが、それは近代メディア史に特記すべき大きな罪です。

今でも、個人や企業が何かの失敗、あるいは不祥事を起こすと、メディアはよってたかって報道対象を袋叩きにします。メディアの仕事は、なぜそういうことが起きたのか、それが社会的にどういう意味をもつのか、冷静に分析することであって、みずから相手に石を投げつけることではないはずです。中立的な報道だけを使命として、最終的な判断は、国民に任せればいいのです。それができないところに、ジャーナリズムの未熟さを感じます。

スポーツ選手も、成績がよい時は、メディアの力によって国民的英雄に祭り上げられますが、その選手がスランプに陥ったとたん、ゴシップめいた記事が書かれることになります。

国民感情を右へ左へと揺さぶることによって、新聞なら購読部数、テレビなら視聴率を上げたいのかもしれませんが、あまりにも皮相で、無責任な報道が多いことに脅威を感じます。

どの業界においても、メディアは鵜《う》の目鷹《たか》の目で異端探しをしており、少しでも変わり種が出てくると、その芽を摘もうとします。それが現代日本に閉塞感を漂わせている大きな要因のような気がしてなりません。国民がもっと高い意識をもって、反対にメディアに影響力をもつようにならないと、この傾向には歯止めがかからないでしょう。

イジメの責任は大人にある

扇情的なメディアが、特定の人物や組織をイジメたがるのと比例するようにして、日本中の学校でイジメ問題が起きています。一時ほど騒がれなくなったものの、決してなくなったわけではありません。そんなことが取りざたされれば、管理職としても立場が危うくなりますから、学校側が公《おおやけ》にならないような対策をとっているものと思われます。

弱い者イジメは、人間社会に共通した問題ですが、日本の学校のように、全国的に高い頻度で起き、自殺者が出るほどの執拗なイジメが続くのは、やはり異常です。

しかし子供たちの学校でのイジメは、大人社会の縮図であり、最終責任は、私たち大人にあります。容易には異分子を排除しない、寛容な社会に育っていたなら、子供たちがイジメなどするはずもありません。子供たちの魂は、やわらかいので、良きにつけ、悪しきにつけ、大人社会の影響を受けてしまうのです。

成績がよい人間がよい学校に行き、高い収入を得る。そういう人間が、優れているというような単純な物差しが世間に通用していれば、子供たちもその感化を受けます。そういう物差しで自分を計って、「ああ、自分はあぶれ者なんだ」と思った子は、弱者を探して、自分の鬱憤《うっぷん》を晴らすことになります。

おまけに、この頃は自分のわがままを言いたい放題のモンスター・ペアレントが急増しています。それら精神の未熟な親たちも、単純な物差しでしか世間を見ることができなくなっているわけです。自分で自分の人生を楽しんでいないから、その鬱憤を学校の先生たちにぶつけることになります。

反対に、頭がよかろうが悪かろうが、収入が高かろうが低かろうが、それぞれの人間が自分の人生を楽しむのがいちばんだという価値観が、世間に定着していれば、多少変わった人間がいても、温かく受け入れていくはずです。

たとえば、家族や友人に障害者がいる子供は、日常的に接しているわけですから、障害者に対して偏見をもちにくくなります。反対に、一度も障害者に接したことがないまま育ってしまうと、一面的な人間観をもち、不用意な差別に走ってしまう可能性があります。

性格も才能も、種々雑多な人間が共存共栄するところに人間社会の面白みがあります。とくに日本人の場合、人類学的にそのルーツを探っていけば、どこまでも雑種民族であり、不自然に画一的な社会を作ろうとせず、むしろ雑居社会にしておくほうが、活力が出るのです。

本当の「人種のるつぼ」は日本

昔から長屋社会を舞台に、落語やドラマが作られてきたのは、いろんな背景をもった人間が雑居しているところに、味わい深い人間模様が繰り広げられていたからです。「向こう三軒、両隣」に魔女のようなオバサンがいても、みんな笑って見守るだけで、魔女狩りなんて起きようもありません。長屋ですから、住人の間にそれなりの連帯感があるのですが、その連帯感が個性の多様性を妨《さまた》げないのです。

「人種のるつぼ」といえば、ふつうアメリカ社会のことを指しますが、アメリカは「人種のるつぼ」ではなく、「人種のモザイク」です。異人種が隣り合わせにいるだけです。異人種が溶け合っている「るつぼ」は、日本のほうです。

ところが、明治維新以降の「富国強兵」の流れの中で、人間を計る物差しが単純化してしまいました。女よりも男のほうが偉い。学歴は低いよりも、高いほうがいいといった具合に、長屋社会に、近代文明の原理が入り込んでしまったのです。私たちは「できる奴が偉い」と、思いこんでしまったのです。

欧米から借りてきた近代文明の原理で、今日まで突っ走ってきたわけですが、もうそろそろ開かれた長屋社会を回復する時が来たのではないでしょうか。東日本大震災には、そういう歴史的教訓が含まれていると思います。近代産業の最先端に置かれていた原子力発電所まで爆発し、こんなに大きな被害が出ているわけですから、日本人はいよいよ近代の幻影から目覚めなくてはなりません。

生産性の低い人間、合理的ではない人間を排除することによって、かえって社会の停滞を招くことになります。できる奴も、できない奴もいてこその人間社会です。そうすれば、簡単に異端を作らなくて済みますし、たとえ異端的な人間がいても、その人物は窮屈な思いをせず、本領が発揮できるわけです。それが、社会の活力になります。

大人が、この国の文化がかつてもっていた連帯感や鷹揚さを回復すれば、子供たちのイジメ問題も、おのずから消滅することになるでしょう。学校現場で起きていることは、まさに日本社会の縮図だと思います。

いくら異端が目障りだとしても、彼らを容易にイジメたり、排除したりしようとするのは、その異端が属する共同体にとって、損失となります。常識の壁を打ち破る突破口である異端を取り除いてしまえば、進化するのではなく、同じところを堂々巡りする時間を長引かせてしまうからです。

それにしても、異端力の本質には、いったい何があるのでしょうか。私は異端力の核にあるのは、想像力だと考えています。常識人の想像力は、単なる空想で終わりますが、異端の想像力は、はるかに強力で、目の前にないものを可視化できるのです。

本書の冒頭に挙げたスティーブ・ジョブズなど、まさにその典型です。誰もがパーソナル・コンピューターなど想像もしていない時に、ガレージでそれを作り、誰もが考えもしないパソコンと電話機能を合わせたiPhoneやiPadを作ってしまったのです。どういう職業に就いていても、人並すぐれた想像力をもっていることが、「その他大勢」ではなく、人が気づく前に新しいことを発見する人物として、際立った存在にしてくれるのです。

戦闘機が音速の壁を破る時、衝撃音がしますが、異端が常識の壁を破る時も、社会的な衝撃音が出ます。戦闘機のパイロットは、恐ろしいほどの重圧に耐えながら操縦しますが、異端も世間の重圧に耐えなくてはならないのです。

そして戦闘機は、ふつうの旅客機の何倍もの燃料を消費して、音の壁を破っていきますが、歴史のページをめくるような異端にも、それぐらいのエネルギーが求められます。ひ弱な人間には、とうていその任は務まらないでしょう。本書で言及してきた異端たちも、きっと根性も体力も、人並以上のものを備えていたに違いありません。

ノーベル賞を取るにも異端力が必要

現代社会で、もっとも栄光ある異端者といえば、既存の常識を打ち破って、地球規模の発明発見をやってのけることによって、ノーベル賞を勝ち取った人たちではないでしょうか。日本人は、ノーベル賞でやたらと興奮する傾向がありますが、もしこの国がもっと数多くの受賞者を出したければ、その方法は単純明快で、どの分野でも、異端と思われる人物をもっと大切にするにかぎります。反対に、異端を排斥したとたん、ノーベル賞受賞数は激減することになるでしょう。

アメリカの大学では、ノーベル賞受賞者というのは、どこにでもごろごろいる感じですから、私もその何人かに、お会いしたことがあります。面白いことに、ノーベル賞を受賞するような人には、圧倒的に異端的人物が多いのです。つまり常識人では、ノーベル賞とは無縁ということになります。

プリンストン大学時代の私の研究室の隣の部屋は、もとアルバート・アインシュタイン（一八七九―一九五五）の研究室でした。とても古めかしく、雰囲気のある部屋ですが、今もふつうに使われています。生前のアインシュタインを知る人によれば、髪の毛はぼうぼうで、靴下も履かず、いつも同じ服を着て、気さくでユーモアに溢れた人物だったそうです。彼の家も残っていますが、ごくふつうの小さな家です。本人の希望で、記念館にはせず、いまも民家として使われています。

アインシュタインが五歳まで言葉を話さず、その後も、読字障害があったことはよく知られていますが、一つのことに没頭すると、寝食を忘れるほどの子供だったようです。そのために、数学にだけは異常な才能を発揮し、九歳でピタゴラスの定理を証明したほどです。

後に、アインシュタインは「私には特別な才能などなかった。ただ、燃えるほどの好奇心をもっていた」と述懐していますが、彼の人並すぐれた好奇心は、すでにこの頃芽生えていたのです。

故国ドイツでは、高校に相当するギムナジウムを中退していますが、苦労して進学した大学でも、物理の成績が最低の「一」だったり、化学実験で爆発事件を起こして学校中で大騒ぎになったというのは、世紀の大科学者にしては、信じ難く、愉快なエピソードです。

そういう学生ですから卒業後も助手にすら採用されず、保険外交員や代用教員をやっていました。その後、人の紹介でスイス特許庁の三級技師になり、安月給で食いつないでいたのです。でも特許庁の職員として、次々と目の前に置かれる特許申請書を読むうちに、優れた発明理論に触れることになり、それが彼の中に埋もれていた科学的才能に、一気に火をつけたのです。人間、いったい何が幸いするか分からないものです。

その頃、ベルリンでバスに乗っている時、時計台の針が止まって見えることから「特殊相対性理論」を思いつき、物理学会に論文として提出しますが、ほとんど相手にされなかったと言います。歴史的な天才も、若い時はまったくの不遇だったわけです。

しかし、そこからさらに発展した「一般相対性理論」が、さまざまな実験を通じて、その正しさが証明され、世界的に注目されるスター科学者となります。そして、ついにノーベル物理学賞受賞に至るわけですが、それでもユダヤ人だったため、さまざまな差別にさらされ、ナチスからは国家反逆者とみなされ、アメリカに亡命しています。

そして、プリンストン高等学術研究所やプリンストン大学に籍を置くようになるわけですが、アメリカの底力は亡命者であろうが、難民であろうが、実力のある人間に、すかさず場所と資金を与えることです。

まったくレベルの違う話ですが、高卒の学歴しかなく、三四歳だった私を全額奨学金付きで入学させてくれたハーバード大学も、凄いと思います。日本ならまずあり得ない話ですし、万が一、そういうことがあっても特例許可が下りるまで、気の遠くなるような時間がかかります。

日本は、もっと能力のある外国人を積極的に受け入れるべきです。日本人の雇用を守るという名目で外国人に障壁を高くしていますが、そんなことで失業率が減るとは、とうてい思えないのです。倒産しかかっていた日産自動車を復活させたのは、カルロス・ゴーン氏ですが、国会の悲しい現状を見ていると、そろそろ総理大臣も、しばらく外国人に任せたほうがいいのでは、という気になってきます。

さて、晴れて科学者としては栄光を勝ち取ったアインシュタインも、私的生活では、離婚を経験したり、大病を患ったりして、苦難続きでした。彼は、もともと孤独を愛する人間だったのですが、研究に没頭している間は、まったく現実のことは目に入りませんでした。これは幼少期から一貫した彼の集中癖ですが、そういう浮世離れした生き方が、家庭生活を破綻《はたん》させてしまったのです。

相対性理論が原子力爆弾開発に利用されたかどうかについては議論の余地がありますが、アインシュタインの名が、人類の宇宙観を塗り替えた偉大な科学者として、永く歴史に刻まれることだけは間違いありません。日本に原爆を落とされたことに衝撃を受けた彼は、国連総会で世界政府の樹立を訴えています。すでにヨーロッパにはEU政府が誕生したように、いつかアインシュタインの願いが実現する日がやってくるでしょう。

プリンストン大学には、あまたのノーベル賞学者がいますが、アインシュタインの次に有名なのは、『ビューティフル・マインド』という映画にもなった数学者のジョン・ナッシュ（一九二八—）です。経済学に大きな影響を与えたゲーム理論を彼が考え出したのは、まだ大学院生だった二二歳の時と言いますから、抜群の頭脳の持ち主だったのでしょう。

子供の時から孤独を好み、ほとんど友人と遊ぶことはありませんでした。アインシュタインと同様、科学的な実験に取り組みはじめると、周囲のことが見えなかったようです。二九歳でＭＩＴ（マサチューセッツ工科大学）の教授になりますが、その頃から頭が良すぎたためか、あるいは難解な数学問題の解明に集中しすぎたためか、統合失調症を患いはじめ、それは彼を生涯苦しめることになります。

それから紆余曲折があって、プリンストンに戻ることになるのですが、私が在職中には、大学ではポストが与えられていたものの教壇に立つことはありませんでした。キャンパスをうろうろ歩き、空いている教室の黒板に、複雑な数式を書き残すことで知られていましたし、きわめて寡黙で、人と交わろうとはしませんでした。

ゲーム理論といえば、今日の数学、経済学、工学、社会学、政治学など多分野に大きな影響を及ぼしていますが、そういうナッシュも精神病院に入退院を繰り返したりするうちに、離婚を経験し、孤独な人生を送っています。

日本人受賞者たちはどのようにして異端度を培ったのか

最近の日本からも理系の受賞者が続いていますが、いずれも異端的人物です。「会社員のノーベル賞受賞者」として、一躍、国民的人気者となった田中耕一《たなかこういち》さんも、人並すぐれて地味な人です。東北大学では留年し、卒業後、志望したソニーでは不合格となり、教授の紹介で入社した島津製作所では、アンテナ工学が専門だったにもかかわらず、化学研究部門に配属されています。それが「瓢簞《ひょうたん》から駒《こま》」となって、それまで困難とされていた高分子量のタンパク質のイオン化に成功し、それがノーベル賞受賞につながったわけです。

愚かなほど朴訥《ぼくとつ》な性格が、果てしなく繰り返された実験をあきらめず、前人未踏の領域に、彼を導いたとしか思えません。受賞後も、地味な生活態度は変わらず、取締役待遇にすると言われても、急な昇進は不自然だとして辞退しています。

時の人として、NHKから紅白歌合戦の審査員になってほしいと要請されても、「私は芸能人じゃありません」と断っています。とかくスポットライトを浴びることが好まれる風潮にあって、自分の立ち位置を崩すことがないだけでも、田中耕一さんは現代日本の異端です。

アメリカ在住の下村脩《しもむらおさむ》さんも、ノーベル化学賞を受賞されましたが、発見まで一〇〇万匹のオワンクラゲを捕獲して、解剖したと言われています。ふつうの頭の切れる合理主義の科学者ではやらないことです。彼の凄いところは、決してエリートではない道をこつこつ歩んできて、成功を収めたことです。長崎から二〇キロ離れた諫早《いさはや》で原爆を体験し、中学でろくに勉強もできなかったため、憧れの旧制高校に進学できず、専門学校で薬学を学んでいます。

卒業後も、就職に失敗したため、長崎大学薬学部で実験助手のような仕事を四年間、勤めた後、名古屋大学に送り込まれます。しかし、お目当てだった分子生物学の教授にはあえず、たまたま出会った有機化学の教授に師事することになります。それが、彼の運命に幸運の女神がほほ笑んだ瞬間だったとは、誰も想像もしませんでした。

その後、与えられた海ホタルの研究で画期的な成果をあげ、そのことが認められて、プリンストン大学に研究員として招かれます。何しろ、その研究はプリンストン大学の研究チームが二〇年も取り組んで結果を出せないでいた課題であり、下村さんが通俗ではない、何か異端的な分析方法を選んだことに要因があるわけです。

渡米後、プリンストンの教授から、オワンクラゲの研究を任せられ、長い歳月を経て、その発光メカニズムを解明するに至ります。それが、医学の臨床分野に多大な貢献をすることになり、後にノーベル化学賞を授与されることになったのです。

日本人のノーベル賞受賞者は、ほとんどが旧帝大出身者ですが、専門学校出身の下村さんは、「いい学校に行かなかったから、いい研究ができなかったというような考えはおかしい」と言っています。彼の栄光は、どういう学校に行っても、探究心さえあれば、道が開けるということを身をもって示してくれています。

ただ下村さんが幸運だったのは、長崎医科大学附属薬学専門部、名古屋大学、プリンストン大学それぞれで優秀な先生に出会ったことです。ノーベル賞授賞式でも、その三人の恩師のスライドを映し、謝辞を述べています。人間としての誠実さが、彼に大きな幸運をもたらしたとしか思えません。

ノーベル文学賞受賞は時間の問題と言われている村上春樹《むらかみはるき》さんも、文学的異端です。ほとんど文壇活動をすることはありませんが、彼の作品は世界的な人気を博しています。いつかスウェーデンで電車に乗り、片田舎の駅に降り立った時、駅のキオスクに彼の本が山積みされていたのを見て、「ここまで人気があるのか」と驚いたことを覚えています。

村上さんは、早稲田大学の出身ですが、ほとんどジャズ喫茶で読書にふけり、そのうち学生結婚して、奥さんとみずからジャズ喫茶を経営するようになります。大学卒業まで七年かかっているので、よほど学生としては怠惰だったのでしょう。しかし、つねに我流で欧米文学を読み込み、その翻訳に取り組んできたことが、彼の独特の文体を形づくることになったと思われます。

村上さんは、今では押しも押されもしない大作家ですが、面白いのは彼が小説を書こうと思い立ったのは、明治神宮野球場で野球を観戦している最中だったということです。どこから天啓がやってくるか分かりません。そして、処女作『風の歌を聴け』が群像新人文学賞を獲得し、作家としてデビューすることになったわけです。

彼もプリンストンに滞在していたことがあるので、何度か会いましたが、きわめてシャイな人で、積極的に人の輪に入っていくことはありませんが、とても誠実なものを感じる人です。

あれだけ著名な作家ですから、もっとメディアに登場してもよさそうなものですが、どこかに身を潜めていて、彼の所在はごく一部の編集者しか知らないのは、いかにも村上さんらしいライフ・スタイルだと思います。

日本の大学は、秀才を輩出することを考えずに、もっと個性豊かな異端を社会に送り出すことをターゲットとすべきです。次世代の日本を背負う若者が、現実的になりすぎ、留学すら敬遠するような事態は異常であり、一種の国難だと思います。壮大な夢を膨らませるところに、若者の特権があるはずです。

それには、カリキュラムを抜本的に編成し直す必要があると思います。たとえば、本書の冒頭で触れたスティーブ・ジョブズのような若者がいても、退学しなくても済むような開放的カリキュラムを考えるべきなのです。戦前の旧制高校には、そういう気風があったと聞いていますが、偏差値ではなく、何らかの方法で受験生の異端度を測り、それで入学を決めるような大学があってもよさそうな気がします。

第四章

自分の中の異端力を高めよう

自分で診断できる「異端度」

本書の中で、歴史に名を残した異端の話を次々と紹介してきましたが、彼らのことを「凄いなあ」と思って、感心しているだけではいけません。本当は私たち一人ひとりが、歴史のページをめくる異端であるべきなのです。

ここで面白い考え方をご紹介したいのですが、それは今まで漠然と使ってきた「異端度」という考え方です。異端度をもう少し正確に語るのなら、一から一〇までの指数があると考えます。一が最低で、一〇が最高です。

異端度一以下の人は、すべて与えられたマニュアル通りにやって、何の疑問も抱かない人たちです。退屈な人生をブツブツ言いながら生きることになります。

異端度二は、「あの人、少し変わってる」ぐらいで、どこにでもいる変人で、なんていうことはありませんが、本人は存外、変人であることを自負しているかもしれません。ただし、変人であることと、個性的であることは、また別な話です。

異端度三は、人前で多少、面白い意見を言えるぐらいです。表現力の乏しい日本人の中では貴重な存在ですが、意見を言うだけで、とくにユニークな行動をとるわけではありません。ひょっとしたら、単に目立ちたがりなのかもしれません。

異端度四となると、少し「骨のある人間」となってきます。家庭人としても会社員としても、容易には周囲と妥協せず、「わが道を行く」タイプの人間です。「長いものに巻かれろ」という常識が居座っている社会では、それなりにオリジナルな生き方をしています。

異端度五あたりから、周囲に波風が立ち始めます。自分の「非常識」を世界最大の良識と思いこんで、自分だけでなく、周りも巻き込もうとするからです。それほど影響力があるわけではありませんから、大きな力とはなりませんが、本人は世間の呪縛から解放されていく自分の生き方を楽しんでいます。

異端度六だと、一般常識からけっこう外れたことを主張し、しかもそれを行動に移したりするので、どんどん風当たりが強くなり、称賛の言葉よりも、批判的な言葉が増えてきます。でも、本人は自分がやりたいことをやっているので、他人がいぶかしく思うほど、いつもイキイキしています。

異端度七になると、異端の本領を発揮して、その思想や行動は際立って独創的なものとなります。先見の明をもって、その仕事ぶりを評価できる人は少なく、むしろ無視されたり、非難されたりすることのほうが多いはずです。しかし、その正直な生き方に共感してくれる心強い仲間も出てきますから、決して孤独ではありません。

異端度八となると、独断専行が目立ち、社会的に孤立しはじめます。しかし、本人の創造性が大きく開花して、歴史に名を残すだけの仕事をやってのけるかもしれません。宮沢賢治も、異端度八ぐらいの文学者だったと思います。どれだけ彼が命を削るようにして、詩や童話を書いても、当時はほとんど誰も、その内容を理解できなかったのです。時代の常識を越え過ぎていたのです。

異端度九となると、その時代の社会体制から逸脱してしまい、社会的制裁を受けることになるかもしれません。昔なら島流しやら投獄という断罪を受けることになりますが、現代ならさしずめメディアのバッシングを受けることから始まるでしょう。それをもはねのけるだけの意志力と体力があれば、新しい世界のリーダーになり得ます。本書の中で触れることになった歴史的異端の大半が、このカテゴリーに属します。

異端度一〇となれば、あまりにも極端すぎて、精神病患者扱いされる危険性があります。ほとんどその奇行ぶりを理解する人がなく、完全に孤立した存在となるでしょう。その一方で、確信犯のように行動に迷いがないので、そのカリスマ性に魅かれて、ヒトラーやスターリンの場合のように、その人物を神格化し、崇拝する人間も出てきます。

つまり、異端度一〇となれば、創造的な面よりも、破壊的な面が強くなり、反社会的な行動をとる危険性のほうが高くなります。やはり、過ぎたるは及ばざるがごとしということですから、異端度もほどほどに、しておきましょう。

ここで述べた異端度の基準は、私個人のごく主観的なものであり、大いに議論の余地がありますゝしかし、一応の目安として、自分がどの程度の異端であるかを考えてみては、いかがでしょうか。

人生は本音と建前のバランスが大事

異端度という考え方を別な角度で見るなら、それは本音と建前の関係でもあります。本音の割合が高まれば、高まるほど、異端度が高くなります。若い時は、学校に通って、嫌いな科目でも試験で合格点を取らなければならないなど、従うべき社会的ルールが多いので、なかなか本音が優勢という生き方は実現しにくいものです。新入社員は、いろいろと言い訳せずに、きちんと会社のノルマを果たさなくてはなりません。人間には、忍従の時代も必要なのです。

しかし、いつまでも建前に縛られる人生というのは、つまらないものです。年齢を加えるとともに、徐々に本音の部分が増え、自分を建前の拘束から自由にしていかないと、生の充実感が、どんどんと薄れていきます。

本音が増えるということは、建前との距離が縮まるということですが、国家という巨大組織であれ、個人の人生であれ、本音と建前が大きく乖離《かいり》していることは、不幸なことです。その両者を引き寄せ、少しでも重ね合わせた部分で、物事を運んでいくのが、人間にとって幸せなことです。

ピューリタン的な潔癖主義をもっているアメリカ人は、日本人は建前と本音を使い分けるのがうまいご都合主義者だと批判したりすることがあります。というのも、日本人が建前と本音の距離を縮め、その間を往来しやすくしているためですが、それは長い歴史を経て培った民族の知恵でもあるのです。

アメリカ的な潔癖主義を貫くと、悪名高い禁酒法などを作ってしまったりします。それで社会が良くなったかと言うと、ぜんぜんそんなことはなく、アル・カポネなどの巨悪組織を裏社会に作ってしまっただけです。

現在も、町全体を禁煙地帯にしてしまっている所がありますが、いくらタバコに健康を損《そこ》ねる要素があるとしても、そこまでやって良いものか、疑問です。むしろ健康第一とするなら、肥満が深刻な国民的問題となっているアメリカに必要なのは、国全体で「ジャンクフード禁止法」とか「大食禁止法」とかを施行することではないかと思うのですが、そういう法案は一向に出てきそうにありません。

何にせよ、建前を押し通そうとすると、自家撞着《じかどうちやく》に陥り、自分で自分の首を絞めることになりかねません。クソ真面目な道徳論で社会を治めようとすればするほど、必ず本音の部分が裏社会にはびこるようになります。ロシアや中国は、万民の平等を謳《うた》った社会主義国ですが、そういう国にかぎって、特権階級がやりたい放題のことをやってしまうという現実があります。

家庭の中でも、親が建前ばかり語っていると、かなりの高い確率で、子供がグレます。子供が本音の部分を大きくして、家庭のバランスをとってくれているのです。昔から、宗教家と教育者と警官の家庭には、非行少年が多いと言われてきたのも、そのためです。ちなみに、私は宗教家と教育者という二条件を満たしていますが、息子たちがグレていないのは、私が本音を大切にする不良親父だからです。

また建前というのは硬い石のようなものなので、それを前面に押し出していると、他人とも衝突の可能性が高くなってきます。それが大規模に発生するのが、革命という現象です。政府がイデオロギーという建前で、国民を締めつけすぎると、どこかで必ず国民の本音が爆発せざるを得ないのです。中東のあちこちで起きている民主化運動も、そういうメカニズムで理解できます。

反対に、本音ばかりで生きようとすると、あまりにも自己中心的になってしまって、社会秩序が保てなくなります。家庭でも会社でも、皆が本音だけをむき出しにして生きようとすれば、仲たがいが絶えなくなるでしょう。ですから、本音もある程度はオブラートに包んで、建前とのバランスを保ちながら、表現していくことが肝心です。

政治もそうですが、宗教も歴史を下るにつれて、次第に建前の部分が増えてくるものです。いずれの宗教教団にも、教団組織を守るための都合がありますから、信者に向かって説かれる教義が、必ずしも宗祖の考えを反映したものとは言えません。たとえば現在、私たちが知る仏教やキリスト教が、ブッダあるいはイエスの考えていたことと同じだとも思えません。

本来、宗教の目的は人間の魂を解放することにあるわけですが、かえって宗教が人間の魂を締めつけるという現象が、あちこちで起きています。どんな服装を身に付けなければいけない、ナニナニを食べてはいけない、ということと、人間の魂の救いと何の関係があるでしょうか。「それが神の意志だ」と言っても、結局は、教団組織が作り上げたルールで、人間の自由を奪い取っている宗教が多すぎます。

しょせん、人間は建前では救われないのです。本音でこそ救われます。人間の本音は、密接に本能につながっていますから、それを全否定してしまっては、立つ瀬がなくなります。生きがいすら感じられなくなるでしょう。

かといって、どこまでも本音を押し通し、欲望を全肯定してしまっても、自堕落な生活に陥ってしまいます。だから仏教でいう「少欲知足」という考え方は、人間の欲望を認めつつも、それに適度なブレーキをかけようと呼びかけるものであり、きわめて賢明な生き方と言えます。

プチ異端のすすめ

「一隅を照らす、これすなわち国宝なり」という最澄の言葉を第二章で引用しましたが、われわれ一人ひとりが、適度な異端力を行使していることによって、社会の一隅を照らすことになります。かといって、誰もが歴史を塗り替えるほどの痛快な異端になれるわけではありません。

そこで、私がおススメしたいのは、家庭や職場において、異端度四、五程度のプチ異端であることです。「あの人は、一本スジが通ってる」と思われる程度の異端なら誰でもなれるはずです。

みんながプチ異端になれば、国民全体の異端度が上がり、国に元気が出てきます。日本は、国際社会の異端でいいのです。アメリカやヨーロッパとは、「文化の祖型」が異なるわけですから、政治・経済・教育などの分野で、つねに欧米社会の物まねをする必要はありません。

明治維新に始まった欧米追従型社会は、二十一世紀に入って、その使命を終えたと言えます。平安時代も、二〇〇年以上も続いた遣唐使廃止を区切りとして、国風文化が誕生していますが、それと同じような時期に来ていると思います。縄文時代以来、培われてきた日本文化は根が深く、そこから汲みだす知恵というのは、いくらでもあるはずです。日本のオリジナリティを発揮していってこそ、国際社会での存在感を高めることができるのではないでしょうか。

なのに、現実に目を向けてみると、日本人が持ち合わせているはずの素晴らしい創造力にブレーキをかけているのは、「変わり者とは思われたくない」という内向きの思考です。みんなが、「変わり者とは思われたくない」という考えを持ちはじめたら、何度、会議を開いても、刺激的かつ建設的意見を述べる人間がいなくなってしまいます。

そして、その時代の社会状況に即応していない古いままの制度が、手つかずに放置されることになります。その制度の中に暮らす者の大半が、「おかしい」と気づいていても、変わり者とは思われたくない一心で、沈黙を守ろうとします。そういう結果にほくそ笑むのは、古い制度の中で、既得権益を受けている側の人間です。

たとえば、国会議員の定数の問題があります。そもそも衆議院と参議院の二院制が必要なのかという議論もありますが、国会議員の人数は今より三分の二ぐらいにしても、何の問題もないはずです。人数が多すぎて審議が進まないという面もありますし、何よりも国家財政が厳しい状況にあって、歳費の無駄遣いを放置することになります。

しかし、国会議員定数削減計画は出てくるたびに各党の反対意見に潰されて、いまだに実現していません。国会議員の中にも、プチ異端が足りないのです。だから、いつまでも国会は「通常営業」（business as usual）となり、議員席で金バッチを光らせながら、みんな居眠りをしているのです。

いま、橋下徹《はしもととおる》・大阪市長がメディアの注目を浴びています。彼は一般市民から公募で候補者を集め、大阪維新の会を結成し、まったく新しい手法で旧態依然とした国政を動かそうとしています。私は、そこに大阪という地域文化が持つ「雑多性」の力強さを感じます。

橋下政治の成果がまだ出ていないので、ここで是非を論じるわけにはいきませんが、少なくともそのチャレンジ精神は、見上げたものです。彼のような蛮勇をふるう人間が、政界のあちこちに出てくれれば、きっと日本は元気になるはずです。

いまは少数精鋭の政治家が党利党略を離れ、英知を集めて、国家百年の大計を作り、英断を下す時です。別に日本が経済的に二流国になっても問題はありませんが、大半の国民が不幸になるような国家に落ちぶれることになれば、大変です。そのためにも、今こそ決断を下すべき時で、時間に猶予《ゆうよ》がありません。あらゆる分野において、異端力が求められています。

家庭の中での異端を尊重する

天下国家のことだけではなく、家庭の中でも異端が求められています。みんなが「進学、進学」と言っている時に、「ボクは、高校なんか行きたくない」という子がいれば、その子は家族の中で、立派な異端です。とくに両親や兄弟までが高学歴の家庭で、その子が進学拒否すれば、その家庭においては、たいへんな異端児ということになりますが、いよいよ見込みのある若者と言えます。高校あるいは大学に進学したくない理由が、しっかりしたものであれば、その子はすでに個性の萌芽を見せているわけですから、家族もその意志を尊重してあげるべきです。

「そうかあ、お前がそう決めたなら、それでいいよ。いい就職できるといいね」と家族に励まされたなら、きっとその子は自分の好きな道で才能を発揮することになるでしょう。

現時点では高校に行きたくないと言っていても、二、三年後、独学で勉強して、大学に行こうとしはじめるかもしれません。私の知る若者も高校を中退したのに、ちゃんと自分で勉強して慶応大学に進学しました。すべては、自然の流れに任せるのがいいのです。

反対に、「何をふざけたこと言ってるんだ！　高校にも行かないなんて、社会の落伍者になるようなもんだ。世間体もあるのに、親に恥をかかせるつもりか！」なんて、親の都合で進学させることになれば、その子は高校に進学しても、親への反発も加わって、勉強なんか絶対にしたくありませんから、不良仲間と遊び回ることになります。

大学進学でも同じことです。大学の教壇に立っていて、「この学生は、大学に来なかったほうがよかったのでは」と思うことが、時々あります。貴重なお金と時間を使って大学に来なくても、手に職をつけたほうが、よほどその子の将来に可能性を開くことがあるように思うのです。

よく聞く話ですが、政治家は政治家に、医者は医者に、坊さんは坊さんに、自分の子供をならせようとします。子供の性格や才能とは関係なく、特権的な待遇を子供に引き継ぎたいという思いが働くのかもしれません。そこに家族の不幸が始まります。たとえ、医者が何代も続く家柄であっても、「オレは、漁師になる」という子供が出てきたなら、それはそれで異端児が選んだ最高の選択肢として、歓迎してあげるべきなのです。

家族の異端は、誰に出るか分かりません。親かもしれないし、子供かもしれない。誰であっても、その存在が尊いのです。科学や宗教の世界でも、その歴史を進化させてくれるのは、異端です。それを否定してしまえば、家族の進化が遅れるだけです。

決して自慢話ではないのですが、私の家系に坊さんになった者はいません。父の家系は群馬県の農家でしたし、母の家系は広島県の商家でした。父は京都市の公務員をしながら俳句の先生をしていましたが、私の家にはまったく宗教的な背景がありませんでした。

それでも、私は中学二年で家出をして、坊さんになったのです。とんでもない異端です。親には猛反対されましたが、それにはお構いなく出家し、その後、二〇年を禅寺で過ごしました。「一子出家すれば、九族天に生ず」という諺《ことわざ》がありますが、私はナマグサ坊主になっただけですから、一族も天には生じていないと思います。ですが私の「家出型」出家は、町田家にとって、大いなる進化だったたと、自分だけは信じて疑わないのです。

その後、また飽きもせず、中年になって、寺を「家出」して海外に渡ったことも、僧侶仲間の異端として批判を受けましたが、私が寺に留まらず、比較宗教学者になったことは、日本仏教の進化に貢献したと、自分勝手に思い込んでいます。そんな意見には賛成できないと言われても、私が納得しているのですから、それでいいのです。

私は家庭でも寺院でも、プチ異端の振る舞いをしましたが、その私の決意にそのつど理解してくれる人が現われ、応援してくださったことを心から感謝しています。異端に必要なのは、最終的に「運」だと思うようになったのは、そういう理由からです。

「ジブン・オリジナル」という最高のブランド

ともかく二十一世紀では、アマノジャクなぐらい人と違うことをするのが良いのです。人が右に行けば、自分は左。人が左に行けば、右。二十世紀では、みんなが同じ方向に向かって、競い合いながら突っ走ってきました。そのおかげで、近代文明は進歩を遂げました。

しかし、二十一世紀は、前世紀で作り上げた「型」を崩す時代です。現実にも、政治でもビジネスでも、古いやり方が通用しなくなってきました。そのことに早く気づいて、わが道を歩み出した人が勝ちです。今頃、他人が作ったマニュアルを当てにしているようでは、自分で負け組を選んで、そこに入っていくようなものです。

また、海外の有名ブランドのファッションや装飾品を高いお金を払って、買い求めるというのも、時代遅れです。自分だけが持っているものを自分で作れば、世界最高のブランドです。実際に自分の手で作れないものなら、自分でデザインし、素材を選び、業者に注文して作ってもらってもいいと思います。

海外および国内旅行でも旅行会社が企画し、添乗員が手取り足取り案内してくれるような旅は、前世紀的です。何もかも上げ膳据え膳で、ほとんど自分の頭と感覚を使わないようになります。「ジプシー・オリジナル」な判断力を放棄することになりますが、自分で行きたい所に行き、交通手段から宿泊先まで手配するだけでも、相当に頭を使わなくてはならないので、中高年の人にとっては、認知症予防に役立つはずです。

どんな小さなことでもいいですから、「ジブン・オリジナル」というブランドを作るのがいいように思います。たとえば、料理のレシピ、掃除や洗濯の仕方などで、自分だけのやり方を編み出す。通勤の方法や書類の整理法でも、いいのです。他の誰もやっていない「ジブン・オリジナル」は、ああでもない、こうでもないと考えるプロセスが、楽しいのです。そんな創意工夫を重ねるうちに、あなたの異端度も格段に向上しているのではないでしょうか。

「ジブン・オリジナル」の分かりやすい例が、円空仏《えんくう》です。円空仏ファンは多く、そのために贋物も大量に出回っていますが、絵画でいえば、ピカソのような作品です。ふつう礼拝の対象である仏像といえば、金箔で塗られた上に、宝冠や後背などの装飾品も多く、いかにも上品な印象を受けます。しかし、円空仏は礼拝仏ではなく、土地や家の鎮魂慰霊のために彫られた供養仏なのです。

ですから、円空（一六三二―一六九五）は訪れた場所で手当たり次第に仏像を彫り、神社やお寺に納めたり、人に与えたりしています。木端仏《こっぱぶつ》も含めると、おおよそ一二万体の仏像を刻んでいます。何しろナタで木を真っ二つに割り、その表面を一気呵成《いっきかせい》にノミで彫っていくという手法でしたから、一体のホトケを刻むのに、それほど時間がかからなかったのでしょう。

円空は、仏像を刻んでいる最中、誰が来ても、いっさい口を利かなかったと伝わっていますが、もともと無口な人だったのかもしれません。きっともっともらしい説教をするよりも、出会った人が悩みや悲しみを打ち明けると、ただうなずくだけで、たちまちその人にふさわしいホトケを刻み、手渡していたような気がします。言葉ではなく、仏像というモノで人の心を癒していたという意味でも、彼は「型破り」の宗教家です。

しかし前衛的仏師である円空も、伝統に定められたそれぞれの仏像の持ち物や印相《いんぞう》（手の構え方）などの「儀軌《ぎき》」をわきまえていました。それらの「儀軌」をきちんと踏まえた上で、彼は大胆な省略をやってのけたのです。「型」を踏まえた「型破り」だったので、どれだけ異形の仏像でも、見る人の心を打つことができるのです。

そんなたくましい造形力をもっていた円空という人物も、立派な異端でした。彼は、いわゆる木地師《きじし》の血を引いていたので、その生い立ちも複雑なものがありました。木地師というのは、鉢や椀などの生活必需品の製作を専門とする木工職人のことですが、集団で山の中に暮らし、耕作はしませんでした。常民主流の封建社会にあって、山の尾根に近い高所を転々としていた彼らは、異人とみなされ、どちらかといえば差別されていたのです。

おまけに、彼は父親が不明の私生児として生まれました。母子二人きりで、長良川の中洲のようなところに暮らしていたのですが、彼が一八歳の時に洪水が襲い、母親が流されて亡くなっています。円空にとって、よほど悲しい出来事だったに違いありませんから、仏師になってから母のために、いくつもの仏像を刻んでいます。

一応、正式な出家はしていますが、彼は組織に所属することを嫌い、徹底したバガボンド（放浪者）でした。全国を転々と行脚し、山林修行者として洞穴に暮らすことが多かったので、巌《いわや》上人と呼ばれていました。そういう境遇の人間だったからこそ、二十一世紀においても、多くの人を魅了する「ジブン・オリジナル」の仏像を彫ることができたのです。

SOHO禅という私の「ジブン・オリジナル」

私自身も、『異端力』という本を書くぐらいですから、なんとか自分の異端度を高めたいと考えています。ときどき突飛なヒラメキを行動に移すことがあっても、それは私がいささか軽薄な性格をしているだけであって、異端度よりも凡人度のほうが高く、大してクリエイティブな仕事ができていません。そんな凡夫の自分を励まして、数年前から私なりに「ジブン・オリジナル」を作る努力を重ねてきました。

その結果、誕生したのがSOHO禅という宗派を離れた瞑想法です。若い時から二〇年も禅寺にいたのですから、その体験をなんとか社会還元できないものかという思いを抱いていました。アメリカで暮らしている時も、何年も坐禅会を開いていたのですが、自分のオリジナリティが出せずに、一種の焦りを感じていました。

そして、形だけの坐禅をしても意味がない。そんな表面的な指導は、禅僧なら誰でもできることだし、足が痛いのを辛抱して、ただ黙って坐ったところで、心が満たされることがないと思っていました。

その一方で、宗教学者として法然上人の思想を研究するうちに、称名念仏がもつ「声の力」になにか特別なものがあるように感じていました。何しろ法然は、念仏に没頭するうちに、彼自身の想像力が強化されたのか、鮮烈なイメージ体験を繰り返すことによって、日本仏教の歴史を塗り替えてしまったのです。そういうことを研究していたものですから、「声の力」を利用すれば、忙しい現代人でも効果的な瞑想ができるはずだと考えるようになりました。

しかし、「ナムアミダブツ」にせよ、「ナムミョウホウレンゲキョウ」にせよ、宗派色が強すぎて、その宗旨を信じていない人にとっては抵抗のあることです。何かほかに、いい言葉がないかな、と思っていました。

そこで、ふと直感が働いたのです。「ありがとう」なら、誰にでも抵抗なく、発声できるのではないか。しかも、外国人でも「ありがとう」という日本語を知っているし、母音のために発音しやすいので、海外でもできると思ったのです。ということで、実験的に始めたのですが、それが大当たりでした。

「ありがとう」という言葉は、素晴らしい言霊を持っていたのです。それを横隔膜呼吸によって、息を長く吐く時に、ゆっくりりと発声すれば、初心者でも容易に深い瞑想状態に入れるということが判明したのです。

とくに大勢の男女で唱えると、さまざまな音程が混じり合って、高周波音が発生します。高周波音がもつ微細な振動が脳に伝わることによって、α波が発生し、ごく自然に快感に浸ることができるのです。

参加者の多くが涙を流したり、その場にはない楽器音を聞いたりするのも、脳内現象によるものです。ＳＯＨＯ禅の目的は、必ずしも、そういう不思議体験にあるわけではありませんが、「ありがとう」と唱えるだけで、初心者でも、いわゆる意識変容体験をもつことができるので、ボイス・メディテーションの効果に確信をもつようになりました。

自分では宗教的な瞑想というよりも、「声のラジオ体操」と考えているのですが、一応、名前が必要だろうということで、感謝念仏と呼ぶことにしました。「ありがとう」を唱えながら、自分の魂、自分の肉体、家族、友人などに感謝の想いを送ることにすれば、内観療法の要素も加わることも発見しました。感謝の対象を仲間ということにすれば、学校や企業でも実践可能だし、それを毎日、数分でも続ければ、連帯感が深まります。

さらに「ありがとう」を、口を閉ざしたままハミングで発声すると、深い安定感に浸れることも分かってきました。ひたすらハミングしながら、音の世界に浸るわけですが、「音を観る禅」という意味で、それを観音禅と呼んでいます。沈黙のまま坐る坐禅よりも、雑念が入りにくいため、はるかに集中度が高まります。

感謝念仏の次に生まれてきたのが、夢実現念仏です。これは、自分の願い事や夢が一〇〇パーセント実現した光景をなるべく具体的に思い描き、その光景を「ありがとう」の声とともに、自分のほうに引き寄せるという積極的な瞑想法です。これも実践してみると、多くの人が熱心に取り組んでくださり、実際に引き寄せ効果があったという報告も、よく耳にします。

ですから現在、全国各地で開いている「風の集い」では、感謝念仏・観音禅・夢実現念仏を一五分ずつ、合計四五分間、行なっています。瞑想としては短いですが、気ぜわしい現代人には、それぐらいでちょうどいいのではないかと考えています。

その三点セットをSOHO禅と命名したあたりから、私も少しは異端の仲間入りができたかもしれません。今のところ、どこからも弾圧を受けていませんが、そのうちに全国規模で実践されるようになれば、法然さんの専修念仏のように、南都北嶺の寺院から僧兵を送り込まれるかもしれません。

冗談はさておき、ＳＯＨＯ禅という瞑想法が確立したところから、従来の「風の集い」をさらに発展させることを思い立ちました。それは、野口法蔵《のぐちほうぞう》氏が指導している坐禅断食に参加させてもらっているうちに、断食中に感謝念仏をすれば、瞑想の効果が倍増するのではないかと、ひらめいたことから始まります。

それは、週末を利用して四八時間だけ絶食してもらい、空腹状態で「ありがとう」の言霊を全身に響かせる「ありがとう断食セミナー」として実現し、すでに三〇回以上回数を重ねています。

プログラムの内容にも工夫を加え、瞑想だけでなく、散歩・ヨガ体操・気功法・講義を繰り返し、体力の維持のために手作り酵素や青汁を飲んでもらっています。そして、日曜日の午前に「ありがとう御膳」という野菜食を摂ってもらうことによって、一気に宿便を出します。その後、全参加者にゆっくりと温泉に浸かってもらって仕上がりとなります。

その爽快感は、体験した者にしか分からないものですが、体が浮き上がるような昂揚感を覚えます。主宰者である私は、日曜日午後の閉会式で参加者の顔を見るのが、とても楽しみです。なぜなら、皆さんがホトケのような福相になっているからです。

私にはオーラなど見えませんが、私の友人に森美智代さんといって、もう二〇年近く、一日青汁一杯だけで生きている女性がいます。それで難病を克服した美智代さんは、いつのまにか、ごく自然に人のオーラが見えだしたそうですが、彼女によれば、誰でも宿便を出したとたん、オーラの色が澄んで見えるそうです。それほど腸内の状態と人間の霊性は、直結しているのです。

私自身は、臨済宗独特の苦行的傾向の強い接心《せっしん》を何十回も体験してきた人間です。しかし、プロの雲水でも一週間の接心で、ここまで晴れやかな心境になることは、稀です。そのような経験から、私は人の心境を澄ますには、精神論を説くよりも、宿便を出すのが手っ取り早いという結論に至ったのです。

俗にいう「腹黒い人」というのは、ほんとうに腸内に宿便がたまりすぎているのです。「腹黒い人」を改心させるのは、容易ではありませんが、何の説教をしなくても、宿便を出してしまえば、人間は素直になっていくのです。

しかも、私の断食セミナーでは、つねに「ありがとう」を発声しているため、例の「声の力」によって、「心の宿便」も自然に出ることになります。「心の宿便」とは、無意識にひそむ否定的記憶、つまりトラウマのことです。

それさえ出してしまえば、性格が明るくなり、ものの考え方がシンプルになって、直感力が冴《さ》えてきます。私のモットーは、「メンタルなことはフィジカルに」ということですが、心を変えたければ、肉体を変えることから始めるべきです。人間の深層心理に深くかかわっている性格の改造は、精神論や道徳論だけでは無理だと断言できます。

これ以上、「ありがとう断食セミナー」のことを書けば、宣伝めいてくるので、ここまでにしておきますが、私はこれを一人でもたくさんの人に体験してもらえば、誰もがプチ異端となって、ちょっとした社会改革につながるのではないかと密《ひそ》かな期待をしています。

異端に必要なのは運の強さ

ところで、断食を積極的に広げていることの理由が、もう一つあります。それは、運命の好転に役立つということです。

世間からの向かい風の中を生き抜いていかねばならない異端に必要なのは、何はさておき、運の強さです。せっかく時代を切り開く新しい知恵や技術をもっていても、運が弱く、世間の抵抗の中ではかなく消え去っていくというのは、もったいない話です。栄えある異端として、世に認められるためにも、ぜひとも強運の持ち主であらねばなりません。

そして、その運を強める最大の方法が、じつは食生活にあるのです。

江戸時代に生きた観相学の達人・水野南北《みずのなんぼく》（一七六〇—一八三四）は、私が尊敬する異端的人物の一人です。彼は幼い時に両親を失って孤児となり、だんだんと心がすさみ、なんと一〇歳の頃から飲酒を始め、人と喧嘩《けんか》ばかりしていました。そして一八歳になって、酒代欲しさに悪事をはたらき、牢獄にぶちこまれています。

そこで暮らすうちに、彼は牢獄の外にいるふつうの人間と、牢獄内の罪人の人相が、あまりにも違っていることに驚きます。いったい同じ人間なのに、どうしてこうも人相が違うのかと、大きな疑問が彼の胸の中に居座ります。

そして、ついに釈放の日を迎えると、大阪の有名な人相見のもとに走ります。人相のことを聞いてみたかったのです。ところが驚いたことに、その人相見は南北を見るなり、

「お前は剣難の相をしているから、牢獄にぶちこまれたのは、当然のことだ。しかも、あと一年ほどの命しかない」と宣告します。

彼から「もし、万にひとつ、助かる道があるとすれば、出家しかないだろう」と言われて、南北は仏門を叩くのですが、あまりの人相の悪さに門前払いを喰らいます。

しかし応対した僧侶が、「向こう一年間、麦と大豆だけの食事を続けることができたなら、入門許可を考えてもよい」と言ったので、それを本気にした南北は沖仲仕《おきなかし》をしながら、麦と大豆だけで過ごしたのです。

一年後、再び禅寺に向かうのですが、その中途、以前の人相見のところに立ち寄ってみたところ、彼は「あれほどの剣難の相が消えている。お前は、人の命を救うような何か大きな功徳を積んだに違いない」と驚いた様子です。

南北が「そんな善事は、一つもしていない。自分は一年間、粗食を続けただけだ」と言うと、人相見は「なるほど。その粗食こそが陰徳の行となって、お前の凶相は消えたに違いない」と答えました。

当時二一歳だった南北は、その瞬間、出家の道を志すのを止め、本格的に観相学の修業を始めます。ところが、彼の修業方法は変わっていて、まず最初の三年間は、床屋の見習いになって、次々とやってくる客の人相を観察します。髪を触るうちに、人の頭部を四方八方から眺められるからです。

次の三年間は、風呂屋の三助をし、客の全裸姿を観察しながら、全身の相について学びます。人の背中を流すあいだ、じっくり人の骨格や肉付きを見ることができるからです。彼は一人前の人相見となってからは、客を全裸で立たせ、陰毛の生え方まで見て、運命を鑑定したといいますが、この頃、そういう眼を養ったと思われます。

そして最後の三年間は、火葬場のオンボウ（火葬・埋葬などをする人）となって、死人の骨相と運命の関係について研究をします。どういう骨相の人間が、どのような人生の終《しゅう》焉《えん》を迎えたのかを知りたかったのでしょうが、ここまで徹底した観察眼を養ったというのは、見上げるべきプロフェッショナリズムです。

さらに、自然の気を学ぶために深山幽谷に籠り、修業を続けた南北は、ついに観相家として独立したのですが、つねに客の全身を観じて、彼が占ずるところ外れることはなかったと伝えられています。彼もまた、人の思いつかないことをやってのけたのですから、観相学の異端です。

晴れて彼の右に出る者がないほど運命鑑定の達人となった南北ですが、そのうちに彼は、占いを辞めてしまいます。なぜなら五〇歳の頃、伊勢神宮へ赴き、五十鈴川《いすずがわ》で二一日間の断食と水垢離の行を行なった際、豊受大神《とようけのおおかみ》の祀られている外宮《げくう》で、「人の運は食にあり」との啓示を受けたからです。豊受大神は、五穀をはじめとする一切の食物の神です。

つまり、生まれつきの運命が吉であれ、凶であれ、その人の禍福を決めるのは、食事の内容にしかないという結論に至ったからです。南北によれば、生来、吉運を持ち合わせていても、美食飽食なら、たちまち凶運となるし、その反対に凶運の人間も、粗食少食なら吉運となるというのです。

とすれば、異端度が高ければ高いほど、抵抗に打ち勝つために運の強さが必要なわけですから、食を慎むことによって徳を積まなければならないことになります。それは、決して禁欲的なことではなく、日々、ちょっとした心がけで実行できることでもあります。

そういう観点に立てば、私が主宰している「ありがとう断食セミナー」は、健康や美容のためだけではなく、運命好転に大いに貢献してくれると信じています。断食をきっかけに、過食の習慣を脱却し、健康的な食べ物を少し頂くだけで、満足できる体質に変わっていくからです。

日本のような飽食の文化のただ中で暮らしていると、誰でも食べすぎの日々を過ごすことになります。二四時間、コンビニも開いていますから、いつでも何かを食べることができます。町を歩けば、いたるところにおいしそうなメニューを看板にかかげる食べ物屋が並んでいます。

しかもテレビをつけると、どのチャンネルでもタレントがどこかの食べ物をおいしそうに食べる場面が映し出され、いやがうえにも食欲を煽り立てるような情報が、洪水のように流れてきます。

かつて「一億総白痴化」と言われたこともある日本国民が、戦後の経済発展のおかげで、今や「一億総グルメ化」しています。食糧自給率のきわめて低い国にあって、一人の人間の体が必要としている以上のカロリーを摂るために、世界の資源を食べつくそうとしています。それどころか、国民全体の舌が肥えているため、世界でも最高品質の食糧を世界各地から、信じられないような高値で買い集めています。しかも、日本全国のコンビニとスーパーでは、一日平均三〇〇万人ぶんの食糧が廃棄されています。

　これでは、日本国民全体が徳を損ねないはずがありません。あまり近代合理主義に基づいた発言ではありませんが、現在、世界有数の経済大国であるにもかかわらず、日本が家庭崩壊や精神疾患など、個人生活面で深刻な問題を抱えている事実は、国民の食生活における不徳も大いに関係しているのかもしれません。

　食生活は、その人の生活態度を反映します。食にだらしない人は、他の面においても、そうだと思います。食を慎む人は、生活全般において慎み深いのです。今は健康食ブームですが、食生活を健康や美容の面だけから見直すのではなく、食べ物を頂く態度が、人生の内容そのものに深くかかわっていることに、もっと気づくべきではないでしょうか。

　国民の大半が美食飽食に耽《ふけ》っている時に、自分ひとりが粗食少食を貫くだけでも、現代社会では十分に異端的であり、その異端度も低くないと思います。そういう人が少しずつ増えていき、いつの日か国民全体に「少欲知足」の精神が浸透した時、この国は人類史上、もっとも進化した国として永遠に名を留めるでしょう。

最後は十字架の上で笑って死にたい

すでに人類史上、永遠に名を留めた異端がいます。それは、罪人とともに十字架に張りつけられ、ローマ兵に槍で体中を突き刺され、命を落としたイエス・キリストです。この世でもっとも悲惨で、もっとも栄光のある死に方をしたイエスも、創世記の時代から続いていたユダヤ教の伝統に楯を突いた究極の異端です。

しかしながら、十字架についたのは、イエス・キリストだけではありません。誰もがそれぞれの人生で、荊《いばら》の冠をかぶせられ、重い十字架を背負って、ゴルゴタの丘を登らされています。その姿を見て、心から同情してくれる人もいれば、つばを吐きかける人もいます。人生は、誰にとっても孤独な歩みです。

じつは異端ではない人間など、一人もいないのです。それをどこまで表に出しているか、その違いはありますが、この世に生まれ落ちた瞬間、私たちはそれぞれに個性をもつがゆえに、人間の異端として苦難の道を歩むことを選んだのです。

そして異端度が高いほど、風当たりの強い人生を送ることになりますが、自分の本音を生き切って、最後に笑って死ねれば、万々歳です。建前の牢獄の中に自分を閉じ込めて、辛い、悲しい、つまらなかったと思いながら死ぬのは、人間としてあまりにも勿体《もったい》ない話です。

私たちは、来世の有無も分からないまま、死んだら極楽に行く、あるいは地獄に行くなどの表現を口にすることがあります。もし、ほんとうにそういうことがあるとすれば、息を引き取る時に、どういう思いでいるかが、とても大切なような気がします。

異端度の高い異端なら、十字架上のイエスが叫んだように、「エリ・エリ・レマ・サバクタニ（神よ、何ゆえにわれを見捨てたもうのか）」と絶叫せざるを得ないような目に遭うかもしれません。それほどの苦難に遭っても、自分に正直に生きることが、いちばん幸せなことです。

自分はやるだけのことはやった。いろんな人に迷惑もかけたけれど、多くの人の情けを受けた。ほんとうにありがたい人生だったと思って、十字架上でにっこり死んでいけるなら最高の人生です。そこに、すでに魂の復活が成立しています。

じつは異端である究極的な意味は、そこにあるのです。世間の物差しで人様の人生を生きるのではなく、自分の物差しで自分の人生を設計し、周囲に妥協しすぎることなく、楽しく生きていくのが、あるべき異端の姿です。そう思えば、今日のこの瞬間から、誰もがそれぞれに異端度を高めていくべきではないでしょうか。

「幸せのご褒美」ということ

本書を締めくくるにあたって、どうしても読者にお伝えしておきたいことがあります。それは異端度を高めると同時に、自分の幸福度を高めることを忘れてはならないということです。では、どうすれば、それが可能なのでしょうか。

ふつう私たちは、何かいいことをしたり、頑張ったりしたご褒美として、幸せが与えられると思っています。つまり幸せは、努力の結果だというわけです。ところが真実は、その反対です。幸せは、幸せでいることの結果であり、ご褒美なのです。「今、幸せ」と思っていないと、幸せはやってこないのです。

ですから、育った家庭環境や過去世《かこぜ》からのカルマなどの理由で、とても自分なんかは幸せになれないと考えている人は、徹底的に頭を切り替える必要があります。幸せでいることができるかどうかは、今、自分が現実をどう受け止めるか、ということだけにかかっているのです。

「幸せのご褒美」は、別な言い方をすれば、幸せの投資術です。幸せと思えば、ますます幸せになります。幸せと感じるのに、仕掛けはいりません。今、生きて、食事ができて、友達がいてくれるだけで、幸せです。

どんな小さな出来事にも、「ああ、幸せだな」と思うようにしていれば、もっと大きな幸せがやってきます。現実の投資の世界でも、一〇万円を一〇〇万円に、一〇〇万円を一〇〇〇万円にしてしまう人がいるようなものです。

反対に、いつも眉間《みけん》に皺《しわ》をよせるような生き方をしていれば、幸せはやってきません。自分は決して幸せではあり得ないという意識が、幸せな現象にブレーキをかけているのです。

とすると、どういう境遇にあっても、「幸せ！」と思ったほうが、勝ち組なのですが、勝ち組に入るためには、少しばかり意識の練習が必要です。何しろ誰にでも思い癖というものがありますから、その癖を外して、「ああ、幸せ」と感じるためには、いったん思考を止める必要があります。

それは、「食べる道楽」を味わうために、いったん「食べない道楽」としての断食を体験するようなものです。

仏教にも、「人生は苦しみである」という考え方がありますが、そんなことを本気で信じていたら、永遠に苦の世界を堂々巡りすることになります。「人生が苦しみ」なのは、エゴの囚われがあるからです。それを外したら、「人生は楽しみ」になるのです。

そもそも仏教の「人生は苦しみである」という考え方は、ブッダが説いた四聖諦《ししょうたい》の最初に出てくるだけです。一番目の苦諦《くたい》は、人生は苦しみであることを知り尽くしなさい。二番目の集諦《じったい》は、その苦しみの原因は一つではなく、複雑に絡んでいることを知りなさい。三番目の滅諦《めったい》は、だけどもその苦しみは、必ず消去できるものです。そして最後の道諦《どうたい》は、苦しみを消去できる方法を実践しなさいということです。

そこに八正道《はっしょうどう》という考えが生まれてくるわけですが、異端の仏教徒である私は、八つも正しい道を意識して実践するのは、ちょっと大変なので、単純に「ありがとう」と唱えましょうと言っているわけです。

日本は、世界でもっとも安全で快適な国の一つです。それにしては、日々、幸福感を味わっている人が少なすぎます。というよりも、心を病んでいる人が多すぎます。

そういう社会環境にあって、「自分は、世界一幸せだ！」と公言できるのなら、それこそ、私たちが目指すべき最高の異端ではないでしょうか。ぜひ今日から、「幸せのご褒美」という言葉を、何度もつぶやいてみてください。必ず幸せのご褒美が届けられますから。

あとがき

この本は、偶然に生まれました。最初は、日本仏教の特徴をできるだけ分かりやすく説く本を書こうと思って、原稿を書き進めていたのです。ところが、書いているうちに、「なんだ、日本仏教の歴史は、異端ばかりじゃないか」ということに気づいたのです。

そして、「歴史を作るのは、異端である」という確信が、次第に私の心の中に芽生えてきました。そういう時、ある企業の若手幹部を対象にしたセミナーで話をする機会があったので、何気なく社内における「異端力」について語ってみると、皆が身を乗り出すようにして聞きはじめたのです。その様子を見ていて、「ああ、みんな本音では、もっと異端でいたいのだ」と思いました。その瞬間から、書いている本のフォーカスを仏教から異端力に方向転換したというわけです。

おりしも、祥伝社社長の竹内和芳氏に、ときどき私の「風の集い」や「ありがとう断食セミナー」に参加していただいていたので、私の意向を伝えると、編集担当の高田秀樹氏と相談の上、「それでいきましょう」と快諾してくださり、この本が誕生することになりました。

この原稿を書いている最中も、私は大学の業務をこなす一方で、いつものように講演のために国内外の旅を続けました。ハワイのマウイ島では太平洋に戯《たわむ》れるクジラの群れを眺め、ヨルダンでは太陽の光を浴びながら死海に浮かび、イスタンブールではベリーダンスの美しさに酔い痴《し》れ、宮古島ではあちこちに海蛇が冬眠している海中洞窟の荘厳さに心打たれました。

私にとって、遊び心ほど大切なものはありません。それが、私の思索を深めてくれるからです。そういう時に、NHKラジオ深夜便『明日へのことば』に出演し、「愚かさの再発見」というテーマについて、二回にわたって話す機会が与えられました。

話のポイントは、やがて文明のパラダイム・シフトが起きるということ、今まで高く評価してきた合理的な〈近代知〉よりも、もっと曖昧で包容力のある〈愚かさ〉が求められるようになるということでした。その反響の大きさに驚かされましたが、こんな世知辛い世の中だからこそ、みんな心の中では、もっと愚かに生きたいと思っているのだと納得しました。

異端力、遊び心、愚かさは、別物ではなく、密接につながっています。ぜんぶ自分に正直であろうとした時に、ごく自然に出現してくる生き方の作法なのです。あまり人様に気兼ねばかりすることはありません。遠慮ばかりして、自分を苦しめ、うつ病になったり、自殺に追い込んだりすることは、それこそ愚かなことです。

人間の人生は、短いのです。他人から異端呼ばわりされても、自分に正直に、楽しく伸び伸びと生きるのがいちばんです。本書を読んでいただいたことをきっかけに、もっと自分の本音に耳を傾け、広い精神の海原に自分を解放してくださる方が、一人でも多く出現されることを願ってやみません。

パリに旅立つ日に

著者

〈参考文献〉

マイケル・モーリッツ『スティーブ・ジョブズの王国』青木榮一訳、プレジデント社、二〇一〇

町田宗鳳『〈狂い〉と信仰』、PHP新書、一九九九

町田宗鳳『法然対明恵』、講談社選書メチエ、一九九八

町田宗鳳『縄文からアイヌへ』、せりか書房、二〇〇〇

町田宗鳳『「野性」の哲学』、ちくま新書、二〇〇一

町田宗鳳『思想の身体・狂の巻』、春秋社、二〇〇六

町田宗鳳『「人類」は宗教に勝てるか』、NHKブックス、二〇〇七

町田宗鳳『愚者の知恵』、講談社＋α新書、二〇〇八

町田宗鳳『法然・愚に還る喜び』、NHKブックス、二〇一〇

切りとり線

★読者のみなさまにお願い

この本をお読みになって、どんな感想をお持ちでしょうか。祥伝社のホームページから書評をお送りいただけたら、ありがたく存じます。今後の企画の参考にさせていただきます。また、次ページの原稿用紙を切り取り、左記まで郵送していただいても結構です。

お寄せいただいた書評は、ご了解のうえ新聞・雑誌などを通じて紹介させていただくこともあります。採用の場合は、特製図書カードを差しあげます。

なお、ご記入いただいたお名前、ご住所、ご連絡先等は、書評紹介の事前了解、謝礼のお届け以外の目的で利用することはありません。また、それらの情報を6カ月を超えて保管することもありません。

〒101−8701（お手紙は郵便番号だけで届きます）
祥伝社新書編集部
電話03（3265）2310
祥伝社ホームページ　http://www.shodensha.co.jp/bookreview/

★本書の購買動機（新聞名か雑誌名、あるいは○をつけてください）

＿＿＿新聞の広告を見て	＿＿＿誌の広告を見て	＿＿＿新聞の書評を見て	＿＿＿誌の書評を見て	書店で見かけて	知人のすすめで

★100字書評……異端力

名前

住所

年齢

職業

町田宗鳳　まちだ・そうほう

広島大学大学院総合科学研究科教授。1950年、京都市生まれ。14歳で出家し臨済宗大徳寺で修行。34歳で寺を離れ、渡米。ハーバード大学で神学修士号、ペンシルバニア大学で博士号を得る。プリンストン大学助教授、国立シンガポール大学准教授、東京外国語大学教授を経て現職。国際教養大学客員教授、広島大学環境平和学プロジェクト研究センター所長などを務める。著書に『法然の涙』、『ニッポンの底力』など。

異端力《いたんりょく》
規格外《きかくがい》の人物《じんぶつ》が時代《じだい》をひらく

町田《まちだ》宗鳳《そうほう》

2012年7月10日　初版第1刷発行

発行者……………竹内和芳
発行所……………祥伝社《しょうでんしゃ》
〒101-8701　東京都千代田区神田神保町3-3
電話　03(3265)2081(販売部)
電話　03(3265)2310(編集部)
電話　03(3265)3622(業務部)
ホームページ　http://www.shodensha.co.jp/

装丁者……………盛川和洋
印刷所……………萩原印刷
製本所……………ナショナル製本

Printed in Japan ISBN978-4-396-11283-7 C0206